AF395907

X

22330

THÉORIE

DES VRAIS

PRINCIPES DE LECTURE.

THÉORIE

DES VRAIS

PRINCIPES DE LECTURE,

TIRÉE DES BONS AUTEURS,

DOMERGUE, NOEL, DUBROCA, LEMARE, ETC. ;

MISE EN PRATIQUE

PAR CHAMERAT, INSTITUTEUR ;

Ouvrage qui conduit les enfans, par degrés, de l'alphabet à la connoissance des règles de la lecture, de la prononciation, de la prosodie française, de la liaison des consonnes finales, de la ponctuation, et enfin à la connoissance de l'art de lire à haute voix ;

SUIVI

DES PRINCIPES DE LA LECTURE
POUR LA LANGUE LATINE.

Rarement on est auteur et créateur de ce qu'on écrit, quoiqu'on ait la vanité de le croire : tout a été pensé avant nous.

Nihil sub cælo novum.

D. Nicolas JAMIN.

A LYON,

CHEZ RUSAND, LIBRAIRE, IMPRIMEUR DU ROI ;

A PARIS,

A LA LIBRAIRIE ECCLÉSIASTIQUE DE RUSAND,
RUE DE L'ABBAYE-SAINT-GERMAIN, N. 3.

1824.

AUX INSTITUTEURS

ET AUX INSTITUTRICES.

C'est à vous principalement que je fais hommage de ces Principes de lecture, puisés dans les Dubroca, les Domergue, les Noël, les Lemare, les Viard, les Maudru, etc. Ils ont occupé mes loisirs ; et le succès que j'en ai obtenu sur divers enfans m'engage à vous les faire connoître. Ils pourront vous être de quelque secours pour commencer la carrière des connoissances que vos élèves doivent acquérir, et leur être en même temps moins rebutans, par la manière dont ils sont classés, que tous ces livres où les Principes ne sont ni raisonnés ni calculés.

Beaucoup d'écrivains, parmi lesquels on distingue des hommes d'un grand mérite et d'un rang supérieur, se sont occupés à faciliter l'art de la lecture, et y ont plus ou moins réussi. Mais, ne voulant pas faire l'histoire de la lecture, je ne décrirai donc point ici les signaux de Rollin, ni les boules à facette de Locke, ni les cartes et les fiches de Pluche, ni ses écrans percés, ni les dés de Cherrier, ni le bureau typographique de Dumas, ni les orgues de François, ni le miroir de la nature de Basedow et de Wolke, si fameux en Allemagne, ni les hiéroglyphes de Vallange, ni le quadrille de Bertaud, que Desfontaine appeloit la pierre philosophale des enfans, ni le pavé (des classes), et les murs écrits de Philipon, ni les échos de Michel, renouvelés par Daubenton, ni sa double orthographe, ni le système d'Arnaud, ni le syllabaire et les figures de Pain, ni le syllabaire classique de J. M. D. de Malvin-Cazal, ni le manuel des enfans et des adolescens de Boinvilliers, ni le système naturel de lecture de P. A. Lemare, où, procédant du composé au simple, on apprend à lire des phrases, puis des mots, sans connoître ni syllabes ni lettres ; ni la méthode pratique de lecture de M. François de Neuchâteau, qui non-seulement donne l'histoire de la lecture, mais présente un plan qui a été couronné par des succès.

L'art de lire, tel qu'il doit être conçu et étudié par ceux qui veulent jouir de tous ses avantages, n'est pas seulement l'art machinal d'articuler les mots et de les placer avec une constante monotonie à côté les uns des autres ; mais c'est une véritable science dont les principes, épars et noyés dans les livres d'une foule de grammairiens, auroient dû former depuis long-temps un corps de doctrine pour remplir un vide qui existe dans l'éducation. Il semble en effet que l'on soit généralement convenu de se contenter de la science des mots apprise dans l'enfance. Presque partout l'oreille et le goût sont révoltés, outragés par les contre-sens continuels d'un lecteur qui n'a appris que la science des mots, et qui s'en est tenu là.

Et ce qu'il y a de plus étrange encore à cet égard, c'est que l'on voit souvent des personnes extrêmement façonnées, dont la voix douce, modulée, et pleine de grâces dans la conversation, se change tout à coup, dans la lecture, en un murmure insipide, fatigant, et dénué de toute espèce d'intérêt.

D'où peut venir cette ignorance presque universelle de l'art de lire ? de l'idée trop malheureusement reçue, que dès que l'on a appris la science des mots on a tout fait pour cette partie de l'éducation.

Je m'estimerois trop heureux si, par l'expérience que l'on acquerra de l'utilité de ce petit Ouvrage, vous vouliez l'accueillir favorablement.

J'ai l'honneur de vous saluer.

CHAMERAT.

SYLLABAIRE

SUIVANT L'APPELLATION MODERNE.

ALPHABET.

Nom des lettres : *a, bé, cé,   dé, é, effe, gé,   ache,   i,*
Figure des lettres : A, B, C,   D, E, F, G,   H,   I,
Son des lettres : *a, be, que* ou *se, de, é, fe, gue* ou *je, aucun son, i,*

Nom des lettres : *èje, ka, elle, ème, ène, o, pé, ku, èrc, esse,*
Figure des lettres : J, K, L, M, N, O, P, Q, R, S,
Son des lettres : *je, que, le, me, ne, o, pe, que, re, se,*

Nom des lettres : *té, u, vé, ikse,   i-grec,   zède.*
Figure des lettres : T, U, V, X,   Y,   Z.
Son des lettres : *te, u, ve, que-se* ou *gue-se, i* et quelquefois *i-i, ze.*

Le son qu'on donne aux consonnes est conseillé
depuis long-temps par des personnes zélées, in-
telligentes et très-expérimentées, surtout par la
grammaire de Port-Royal, et par plusieurs autres
bons ouvrages de ce genre.

Les lettres n'ont aucun son par elles-mêmes :
elles ne sont que des signes de convention, des
figures muettes auxquelles les hommes sont
convenus d'attacher l'idée des sons.

Il faut observer que ces noms *bé, cé, dé,
effe*, etc., ne sont donnés aux lettres que pour
rappeler à l'esprit leurs formes et leurs figures ;
mais ces noms ne sont pas les sons que ces
lettres représentent. Ainsi, lorsqu'on enseigne à
lire, comme tout ce qu'on a à faire est de fixer
l'imagination des enfans, afin de les bien accou-
tumer à unir l'idée des sons à la vue des lettres,

il faut laisser là les noms des lettres et se contenter de faire prononcer les *sons* en montrant les lettres ou les combinaisons des lettres destinées à les représenter.

Les noms des lettres ne sont donc d'aucune utilité aux commençans, puisqu'ils ne peuvent servir à leur donner les idées des vrais sons qu'ils doivent prononcer : ils ne peuvent, au contraire, que leur nuire, et les embarrasser en chargeant leur mémoire de sons inutiles; et ils sont plus capables d'éloigner de leur esprit les idées des sons que de les leur fournir.

PREMIÈRE LEÇON.

Lettres romaines majuscules.

A, B, C, D, E, F, G, H, I, J, K, L, M, N, O, P, Q, R, S, T, U, V, X, Y, Z.

Lettres romaines minuscules.

a, b, c, d, e, f, g, h, i, j, k, l, m, n, o, p, q, r, s, t, u, v, x, y, z.

Lettres italiques majuscules.

A, B, C, D, E, F, G, H, I, J, K, L, M, N, O, P, Q, R, S, T, U, V, X, Y, Z.

Lettres italiques minuscules.

a, b, c, d, e, f, g, h, i, j, k, l, m, n, o, p, q, r, s, t, u, v, x, y, z.

Il y a cinq voyelles simples :

a, e, i ou bien *y* grec, *o, u.*

Voyelles simples toutes mêlées.

a, e, i, y, o, u, e, i, y, o, u, a, i,
y, o, u, a, e, u, a, e, y, o, u, a,
e, i, o, a, u, e, i, a, u, o, e, a, i,
e, y, i, a, o, u, e, y, u, a, u, o, e, .
a, u, y, e, i, e, o, y, e, a, u, e, y,
o, a, i, u, o, y, a, u.

Il y a dix-neuf consonnes :

*b, c, d, f, g, h, j, k, l, m, n, p, q, r,
s, t, v, x, z.*

Remarques. 1.º *C* et *g* ne se prononcent *se,
je,* que lorqu'ils sont suivis d'un *e* ou d'un *i.*

2.º La lettre *h* n'a aucun son.

3.º La lettre *x* vaut deux consonnes : *q-s* ou *g-z.*

Consonnes toutes mêlées.

c, f, h, k, m, p, r, t, x, b, d, g, j,
l, n, q, s, v, z, c, q, k, n, r, v, b,
f, j, m, q, t, z, d, h, l, p, s, x, c,
h, m, r, x, d, j, n, s, z, f, k, p, t,
b, g, l, q, v, c, j, p, v, d, k, q, x,
f, l, r, z, g, m, s, b, h, n, t, c, r,
j, q, z, h, p, x, g, n, v, f, m, t, d,
l, s, c, k, s, d, m, v, g, p, z, j, r,
c, t, q, r, z, x, v, p, s, f, z, g, m,
x, h, p, l, r, j, t, b, c.

Il faut exercer les enfans à prononcer les voyelles et les consonnes mêlées ensemble, en les obligeant d'appuyer fortement sur les voyelles et légèrement sur les consonnes :

ab, ec, id, of, ug, al, em, in, op, uq, ar, es, it, ox, ub, ac, ed, if, og, ul, am, en, ip, oq, ur, as, et, ix, ob, uc, ad, ef, ig, ol, um, an, ep, iq, or, us, at, ex, ib, oc, ud, af, eg, il, om, un, ap, eq, ir, os, ut, ax, eb, ic, od, uf, ag, el, im, on, up, ux, ar, oc, il, ec, od, up.

Dans l'exercice suivant l'élève s'exercera à appuyer plus sur la voyelle qui suit la consonne que sur celle qui la précède :

aba, idi, ofo, ugu, ala, eme, ini, opo, ara, iti, oxo, ubu, aca, ede, ifi, ogo, ulu, ama, ene, ipi, uru, ete, ixi, obo, ucu, ada, efe, olo, umu, ana, epe, oro, ata, exe, ibi, oco, udu, afa, ili, omo, unu, apa, iri, utu, axa, ebe, odo, ufu, aga, ele, imi, ono, upu, uxu.

Avant de passer aux leçons suivantes l'enfant apprendra à connoître les accens et les différentes sortes d'*é*.

(5)

Il y a trois sortes d'accens : l'accent aigu , l'accent grave, et l'accent circonflexe.

L'accent aigu est un caractère qui va de droite à gauche . . . . /

L'accent grave est un caractère qui va de gauche à droite . . . . \

L'accent circonflexe est un caractère formé des deux autres accens réunis et adossés . . . . ∧

Il y a trois sortes d'*é* : l'*é* muet, l'*é* fermé, l'*é* ouvert.

L'*é* muet n'est jamais initial ; il se prononce. . . . . *e*

L'*é* fermé se prononce. . . . . *é*

L'*é* ouvert se prononce . . . . *è* ou *é*

DEUXIÈME LEÇON.

Remarque. La meilleure manière d'épeler est de se borner à bien lire à l'enfant les syllabes, et à lui faire ensuite bien répéter ce 'qu'on lui a bien lu. Bientôt l'élève conçoit à fond le mécanisme de la syllabe ; mais il faut éviter d'en détailler les lettres et de dire *be–a–ba*, *de–i–di*, etc. L'œil seul fait l'analyse, seul il peut séparer les deux élémens qui la composent. C'est ainsi que l'élève se prépare à la lecture courante et ordinaire.

aba , ebe , ébé , èbè , ibi , obo , ubu ,
èbè , ada , ede , édé , èdè , idi , odo ,

udu, êdê, afa, efe, éfé, èfè, ifi, ofo,
ufu, êfê, aja, eje, éjé, èjè, iji, ojo,
uju, êjê, ala, ele, élé, èlè, ili, olo,
ulu, êlê, ama, eme, émé, èmè, imi,
omo, umu, êmê, ana, ene, éné, ènè,
ini, ono, unu, ênê, apa, epe, épé,
èpè, ipi, opo, upu, êpê, ara, ere, éré,
èrè, iri, oro, uru, êrê, asa, ese, ésé,
èsè, isi, oso, usu, êsê, ata, ete, été,
ètè, iti, oto, utu, êtê, ava, eve, évé,
èvè, ivi, ovo, uvu, êvê, axa, exe, éxé,
èxè, ixi, oxo, uxu, êxê, aza, eze, ézé,
èzè, izi, ozo, uzu, êzê, aca, oco, ucu,
aga, ogo, ugu.

Remarque. Gu, qu se prononcent *g, q.*

agua, egue, égué, èguè, igui, oguo,
uguu, aqua, eque, équé, èquè, iqui,
oquo, uquu.

Répétition de la deuxième Leçon.

aba, édé, oco, aga, ofo, yly, ama, ènè,
ipi, oro, uju, ava, utu, iri, éxé, ixi,
ozo, ubu, afa, udu, ogo, éjé, ili, omo,
unu, ypy, êrê, asa, aqua, igui, yry,
ete, ovo, yxy, eque, aza, ébé, ucu,

idi, ufu, ojo, ulu, êmê, ana, epe, équé,
éré, isi, oto, éxé, izi, obo, aca, odo,
èlè, yjy, ala, èmè, oko, ipi, opo, usu,
yty, eve, oxo, uzu, ydy, egue, éfé,
ugu, yjy, olo, iji, umu, ini, apa, èsè,
ara, iti, uvu, axa, êzê, ibi, ada, ifi,
ele, imi, ono, upu, ysy, uru, ata, ivi,
uxu, yzy, êdê, yby, èzè, aja, iki, aka,
yky. 1, 2, 3, 4, 5, 6, 7, 8, 9, o.

L'enfant dira par cœur :

Une syllabe est un son formé par une seule impulsion de la voix.

Mots composés d'une syllabe ou *mono-syllabes.*

Le, la, me, te, se, que, qui, ne, tu, sa, ma, ta, il, bac, bal, sac, cap, Gap, car, pic, vif, fil, mil, Job, coq, roc, soc, tic, vol, duc, Luc, nul, par, ric-à-ric, Marc, talc, parc, porc, fisc, laps, arc, Marc, Mars, luth, hem.

Remarque. L'*é* sans accent suivi d'une consonne finale, ou de deux consonnes, *est sonore,* c'est-à-dire qu'il se prononce *é* ou *è* :

Bel, bec, sec, sel, tel, quel, mer, fer, ect.

Mots composés de deux syllabes ou *dissyllabes.*

Belle, telle, quelle, Berne, leste, veste, quelque, lequel, sexe, elle, vexe, café, curé, défi, déjà, loto, maki, mari, pâté, pavé, ravi, rôti, zéro, cave, rave, axe, taxe, même, thème, dîme, pipe, rhume, lune, scubac, relaps, banal, Agag, barbu, bivac, cornac, pascal, verbal, Doëg, Siam, jalap, nectar, avec, formel, Abel, item, Siam, amen, Eden, hymen, amer, éther, pater, Sélim, aspic, mastic, David, actif, motif, subtil, Naboth, zénith, viril, morfil, dormir, estoc, siroc, finir, Anet, Aleth, servir, Mogol, castor, caduc, calcul, acte, isthme, rhythme, pacte, carte, hymne, buste, juste, marque, lorsque, puisque, presque, Sparte, masque, jusque, pâque, bague, vague, Stockholm, figue, digue, ligue, dogue, vogue, Hugues, Postdam.

Remarque. La double consonne se prononce comme une seule, c'est-à-dire que la première consonne est nulle :

Elle, messe, gomme, homme, bonne, telle, quelle, tonne, belle, pomme.

Mots composés de trois syllabes ou *tris-syllabes.*

J'occupe, culotte, paresse, gazette, bassine, colonne, attaque, badiné, cajolé, canada, canapé, canari, carabé, cavité, comité, décoré, défini, délavé, démunir, député, dérivé, dévolu, domino, favori, figuré, fixité, jubilé, nudité, numéro, parité, paroli, septemvir, pilori, révolu, vérité, vanité, acqueduc, Abraham, agaric, cardinal, amical, boréal, capital, caporal, jovial, portugal, vertical, actuel, colonel, éternel, adjectif, Jupiter, ex-pulsif, vomitif, puéril, parasol, similor, absorbé, abstersif, adopté, ajusté, alar-mé, arcade, carafe, cabane, organe, Erasme, sarcasme, colère, sévère, alterne, caverne, funeste, élève, cupide, abîme, humide, habile, Goliath, Naza-reth, déisme, artiste, estime, active, méthode, Astaroth, Belzébuth, stérile, virgule, bissextil, monarque, burlesque, fatigue, époque, baroque, je subjugue, Ptolomée, Amsterdam, Roterdam, ab-domen, examen, Bethléem.

Mots composés de quatre syllabes ou *quadrissyllabes.*

Banalité, calamité, capitulé, cupidité, décapité, délibéré, démérité, fatalité, fétidité, fidélité, latinité, localité, majorité, maturité, minorité, nubilité, rapidité, rivalité, solidité, sévérité, témérité, timidité, validité, vénalité, virilité, lividité, adverbial, universel, spirituel, absurdité, activité, alternatif, cataracte, accolade, alidade, caravane, gallicane, caractère, politesse, inutile, carabine, favorite, horoscope, télescope, orthodoxe, habitude, véhicule, Aristarque, romanesque, soldatesque, catalogue, décalogue, synagogue.

Mots composés de cinq syllabes ou *polissyllabes.*

Libéralité, mutabilité, naturalité, popularité, régularité, ridiculité, volubilité, adjudicatif, démoniaque, etc., etc.

L'enfant dira par cœur :

On appelle *monosyllabe* un mot qui n'a qu'une syllabe ; *dissyllabe,* celui qui en a deux ; *tris-*

syllabe, celui qui en a trois ; *quadrissyllabe*, celui qui en a quatre ; et généralement on nomme *polissyllabes* tous les mots composés de plusieurs syllabes sans en fixer le nombre.

TROISIÈME LEÇON.

Bl, br, cl, cr, dr, fl, fr, gl, gr, pl, pr, tr, vr, gn, ch, ph, phl, phr, ai, eai, am, an, ean, em, en, au, eau, ay, eu, im, in, aim, ain, ein, oi, om, on, eon, ou, um, un, eun, ien.

Remarque. Ne séparez pas ce que les auteurs de notre langue écrite ont réuni pour ne faire qu'un élément sonorifique indivisible ; ainsi *ch*, *ph*, *gn*, *ai*, *am*, *an*, *em*, *au*, etc., ne seront jamais épelés : ce sont autant de signes aussi indivisibles pour l'organe vocal et pour l'oreille que les signes *a*, *b*, *c*, *d*, *é*, etc.

É-blé, i-bri, u-chu, y-cly, a-cra, i-dri, u-flu, è-glè, i-gni, o-gro, u-pru, o-plo, y-phy, a-phla, e-phre, u-bru, è-chè, i-cli, o-clo, ê-flê, i-fri, u-glu, y-gny, a-gra, e-pre a-pla ; i-phi, o-phlo, u-phru, i-tri, u-vru, i-bli, o-bro, y-chy, a-cla, é-cré, o-dro, y-fly, a-fra, è-gnè, i-gri, o-plo, i-pri, u-phu, y-ply, a-phra, a-vra,

u-blu, y-bry, ê-clê, i-cri, u-dru, a-fla,
e-fre, i-gli, o-gno, u-gru, u-plu, y-pry,
a-pha, é-phlé, i-phri, a-tra, i-vri, a-bla,
è-brè, i-chi, o-clo, u-cru, a-dra, i-fli,
o-fro, i-gli, a-gna, ê-glê, é-plé, i-pri,
o-pho, u-phlu, y-phy, o-tro, i-vri, o-blo,
a-bra, y-cry, e-dre, o-flo, u-fru, agla,
i-pli, a-pra, é-phé, i-phli, o-phro, o-vro,
a-cha, o-cho, u-clu, y-gri, o-glo, u-gnu,
oc-froc, oc-troc, é-chec, échec (perte).

Ai, bai, cai, fai, j'ai, lai, mai, ainai, pai, quai, rai, sai, tai, vai, xai, ai-
gai, blai, brai, clai, crai, drai, flai, frai,
ai-glai, grai, chai, plai, prai, trai, vrai,
gnai, ai-phai, phlai, phrai.

Am-bam, an-can, dan, fam, gan, jam,
lan, am-an, mam, pan, ram, tan, blan,
cham, clan, am-cram; dran, flam, fran,
gran, pran, an-tran, vran, gnan, phan,
plan, phlam, an-phran, quan.

Em-bem, en-den, fen, lem, men,
nem, en-sen, rem, ven, xem, zen,
blem, bren, em-clem, cren, dren, flen,
frem, gren, plen, en-tren, chen, gnem,
phen, phren, qu'en.

Au-bau , eau-d'eau , fau , gau , eaureau , au-vau , eau-teau , sau , eau-peau ,
nau , eau-meau , lau , jau , cau , zau ,
qu'au , eau-phreau , phlau , eau-pheau ,
eau-gneau , au-chau , trau , eau-vreau , prau ,
grau , frau , eau-bleau.

Im-zim , in-xim , vim , tin , sim , rin ,
pim , in-nin , lim , fin , dim , qu'im , ein ,
tein , ein-xein , ein-brein , ein-bein , ein-
leim , ein-plein , ein-gnein , ein-prein ,
Aim-saim , aim-taim , aim-faim , ainvain , ain-zain , ain-blain , ain-rain , ain-
bain , ain-cain , ain-grain , ain-chain , ain-
crain , oi-zoi , xoi , voi , toi , soi , roi ,
poi , noi , moi , loi , joi , foi , goi , boi ,
quoi , phroi , ploi , choi , gnoi , vroi , troi ,
proi , groi , froi , floi , droi , croi , cloi ,
broi.

Eu-zeu , xeu , veu , teu , seu , reu , queu ,
peu , eu-neu , meu , leu , jeu , feu , gueu ,
deu , beu , eu-phreu , phleu , cheu , gneu ,
vreu , tren , preu , eu-pleu , greu , preu ,
gleu , fleu , dreu , creu , cleu , eu-breu ,
bleu.

Om-zon , on-xon , von , ton , som , ron ,

gon, on-pon, non, lom, jon, fom, don, com, bon, on-phron, chom, gnon, vron, tron, prom, om-plom, gron, glon, fron, dron, cron, clom, om-brom, blon, qu'on,

Ou-xou, zou, vou, tou, sou, rou, qu'ou, ou-pou, nou, mou, lou, jou, fou, gou, dou, cou, bou, chou, gnou, vrou, trou, plou, prou, grou, glou, frou, drou, crou, clou, ou-brou, blou,

Um-lum, un-cun, hum, mun, tun, um-fum, bun, lun, dun, fun, qu'un un,

Ien-bien, lien, rien, mien, ien-chien, ien-vrien, ien-prien, ien-mien, ien-dien, ien-sien, ien-lien, ien-clien, ien-gnien, ien-trien, ien-plien, ien-grien.

Ay-bay, blay, ay-lay, ay-pay, ay-ray, ay-tray, ay-say, ai-gay, ay-may.

Répétition de la troisième Leçon.

Aibai, amblam, audrau, anbran, eu-creu, eucheu, emchem, ienfien, enclen, inflin, oigoi, infrin, omglom, ongnon, ougrou, unlun, aimai, amnam, auphau, emplem, euphreu, anpren, ienrien, im-sim, oitroi, intin, omvom, onvron,

ouxou, unbun, aiblai, ambram, ancan,
audau, emclem, eufeu, encren, imfrim,
oigloi, ongnon, oujou, ongron, unmun,
ainai, ampam, anplan, eureu, emprem,
iensien, enphen, imtim, eintrein, oivoi,
omvrom, onxon, ouzou, unbrun, aibrai,
amcam, audrau, anchan, emcrem, ayfay,
enden, eufleu, imglim, oigroi, ingrin,
omjom, ingnin, oumou, onlon, aiplai,
ampram, eaureau, anphan, euteu, em-
phlem, ainvain, oixoi, amzom, oublou,
onbon, uncun, aichai, anclan, amcram,
aufau, emdem, eufreu, endren, ingrin,
oijoi, aingrain, omlom.

Ounou, onmon, aiprai, enren, eau-
seau, eutreu, ienvien, inzin, oizoi, om-
bom, oublou, unqu'un, onbron, aiclai,
anclan, amcram, auflau, andan, ayfray,
enflen, eugleu, eingrein, oiloi, inj'in,
onnon, oupou, unprun, aiphai, emrem,
autau, ensen, eauteau, veu, xim, boi,
zim, blom, cou, bron, crai, dam, dran,
fem, fleu, frau, gay, gneu, j'im, moi,
lin, nom, plou, pon, ran, trau, sem,
vreu, ten, xien, bin, bloi, brom, con,

chou, dai, fan, flem, gau, fren, greu,
lim, noi, min, pom, prou, plon, ram,
veau, san, xeu, tem, vau, tren, bim,
broi, com, clou, chon, drai, fam, gnau,
flan, jeu, glen, gneau, lien, poi, mim,
plom, nin, pron, phou, rai, sam, vreau,
tan, bien, ven, zeu, blom, brin, coi,
chom, clou, clon, fai, flan, grau, glem.

Lay, gnen, leu, mien, ploi, nim,
prom, sai, tam, xau, tran, beu, vren,
brim, cloi, crom, drou, frai, gam, glan,
jau, gnem, meu, gren, proi, tai, tram,
jau, van, bay, bleu, clin, croi, don, fou,
dron, gai, glam, gnan, mau, gren, peu,
len, peau, prin, phloi, phin, phrom,
sou, ron, tun, vai, vram, blau, xan,
cheu, zem, din, ben, droi, fom, frou,
flon, ai-gnai, gram, nau, jan, ay-pay,
lem; pleu, men, roi, som, trou, ton,
xai, jam, chau, ban, clay, blem, creu,
bren, dien, foi, fin, floi, gon, glou, j'ai,
lam, plau, man, rin, pen, sain, soi,
tom, vou, tron, zai, bam, clau, blan,
cray, brem, deu, chen, faim, froi, fim,
gom, glon, gnou, lai, mau, prau, nan,

leau,

leau, pem, plen, preau, rein, toi, trom,
von, vrou, cai, clan, peau, preu, tien,
vain, vein, bou, flai, fram, seu, chien,
crin, doi, crain, flou, crein, glai, gnan,
cleu, fron, grou, grai, trai, bren, zam,
choi, clon, brun, gleau, lou, 1, 2, 3,
4, 5, 6, 7, 8, 9, 10, 11, 12, 13, 14.

Voyelles composées.

ai, au, eau, eu, ou, oi.

Oi, voyelle composée, se prononce *ai*.

L'enfant dira par cœur : Les voyelles composées résultent de la réunion de deux ou trois
voyelles simples, et elles se prononcent en un
seul temps.

Baigneur, chaîne, domaine, douzaine,
commissaire, grammaire, libraire, bateau, fraude, cadeau, gouffre, bureau,
débauche, chameau, couteau, cheveu,
le vœu, la queue, gueule, bœuf, fleuve,
buveur, couleur, crocheteur, chaleur,
bijou, verrou, cartouche, mouche, bou-
cle, la roue, la joue, foible, foiblesse,
roide, affoiblir, paroître, connoissable,
connoître, la monnoie.

2

Voyelles nasales.

am, an, ean, em , en, im, in , aim , ain,
ein ,'om, on , eon , um, un, eun.

L'enfant dira par cœur : Les voyelles nasales
sont formées d'une voyelle simple ou d'une
voyelle composée, et d'une *m* ou d'une *n* ; ces
voyelles sont nommées nasales parce qu'on les
prononce un peu du nez.

Jambe , chambre, lampe, Jean, chambellan , charlatan, maman, volcan, dimanche, membre, le temple, bandeau ,
trembleur, bambou , bandelette , denrée ,
dentelle, rencontre, sensibilité, tendresse,
trentaine , vendeur, nymphe , limpidité ,
simple, timbre, bambin, bassin, syndic,
syntaxe, essaim, daim, boudin , parchemin , la faim, gain, tringle, grain, main,
parrain, sacristain, prochain, publicain ,
train, vilain, dessein, frein, plein, feinte,
peintre, sein , teinture, nom, pronom ,
surnom, bombe, compagnie, compagnon,
compassion , dompteur, rédempteur ,
pompe, tombeau, trompette, furoncle,
fronde, monde, monstre, rencontre,
lundi, un tribun, emprunteur, diaprun,
nerprun , le parfum, humble, commun.

Diphthongues.

ia, ie, ié, iè, iai, iau, ieu, ion, ian, iou,
oin, ouai, ouin, ouan, ouen, oua, io,
oui, ua, ué, ui, uin, ien, oi.

Oi, diphthongue, se prononce *oa*.

L'enfant dira par cœur : On appelle *diphthongues* les syllabes qui font entendre deux
sons qui se prononcent en un seul temps, par
une seule émission de voix.

Diable, fiacre, miel, fiel, trépié, viande,
amitié, fiole, violon, pioche, juif, lui,
étui, duel, tiède, huitième, assiette, ser-
viette, pitié, miaulé, pion, chiourme,
babouin, marsouin, écuelle, juin, suin-
ter, loin, groin, lointain, moindre, join-
dre, fouine, enfoui, Rouen.

Ien se prononce *i-in* :

Chien, mien, tien, sien, combien,
bien, gardien, vaurien, soutien, Athé-
nien, Bohémien, grégorien, Corinthien,
Italien.

Oi, diphthongue, se prononce *oa* :

Beffroi, roi, l'emploi, toi, moi, soi,
loi, octroi, pourquoi, la soif, antimoine,

ostensoir, bassinoire, poivre, la joie, la proie, la soie, la courroie.

Exercice long, mais très-nécessaire pour les élèves qui ne savent pas lire couramment les mots précédens.

A.

Abaissera, abandon, abréviateur, abreuvoir, abrouti, absoudre, abstraire, acagnarder, acajou, s'accointer, accompagnateur, accordoir, elle accouchera, achalander, acheteur, administrateur, adversaire, affranchir, affronter, agriculteur, aigreur, aimanter, aînesse, ainsi, airain, alambic, alcoran, amadou, amaîgrir, amaranthe, amateur, ambassadeur, ambulatoire, amende, ameuter, amidon, amour, amphibie, amphigourique, ampleur, amplificateur, ampoule, anglican, anniversaire, antarctique, antérieur, antichambre, antimoine, antipathique, antiquité, apologue, apoplectique, appauvrir, appointer, appréhensive, apprêteur, approfondir, approuver, arabique, araignée, arbitraire, ardeur, arlequin, armoire, arpenteur, arrondir, assassin, assoupir, asthmatique, astreindre, attendre, attrouper, aubépin, aucun, auditeur, augmentatif, Augustin, aujourd'hui, auriculaire, austérité, auteur, authentique, autour, Autun, auxiliaire, aveindre, aveu, avoir.

B.

Babouin, badin, baignoire, bain, bajoue, balai, balcon, baldaquin, bambin, bambou, bandeau, banqueroute, baragouin, baragouineur, barbeau, bassin, bassinoire, bateau, bâton, beauté, beffroi, béguin, bénédictin, bibliothécaire, bienfaiteur, bijouterie, blanche, blasphématoire, blondin, boisseau, boisson, bondon, bonjour, bonsoir, bouche, bouchon, boudin, bouquiniste, bourdelai, Bourgogne, Bourgoin, Bourguignon, boutique, branche, branloire, bréviaire, brocanteur, brodequin, bronze, brun, bûcheron, buisson.

C.

Cabaleur, cadeau, caisson, calcaire, calculateur, calfeutrer, calvaire, Cambrai,

campagne , cantharide , cantique , capi-
taine , capuchon , carcan , cardon , cartouche , caustique , chagrin , chaînon ,
chaleur, chambellan , chameau, champi-
gnon , Chandeleur , chanson , chapeau ,
chapelain , charpenterie , châtaigne , châ-
tain , château , chaudron , chausson , che-
min , cheveu , chignon , chiquenaude ,
clairon, clandestinité, cochon, coloquinte,
combien , combustion , commentaire ,
commun, compagnie, complexion , con-
ducteur, confession, conjoncture , consen-
tir, conservateur, consigner, consomptif,
constructeur , consulaire , contemplatif,
contemporain , contrainte , contrefacteur,
convaincre, convulsion, coquin, corbeau,
corinthien , cornichon , correcteur , cor-
respondre , couchette , couloir , coussin ,
crachoir , craindre , crampon , craquelin ,
créateur , cresson , croupion , cruauté ,
cultivateur.

D.

Il daignera , elle dansera , débauche,
déchausser, dédain, dédicatoire, dédou-
bler , déduire , défunte , dégauchir , dé-

gourdir, il dégraissera, déhanché, elle délaissera, délégué, déloyauté, il demandera, il se démasquera, il démembrera, il démentira, il se démettra, il démeublera, chambre, je demeurerai, démocratique, démoniaque, démonstratif, dénominateur, il dénouera, dentiste, départemental, je dépeindrai, il dépensera, il dépeuplera, il a déployé, dépossession, despotique, elle desséchera, un beau dessein, je desservirai, un dessinateur, le Deutéronome, il se dévouera, diabolique, dialectique, dialogue, diaphragmatique, diaprun, Dieu, diffamatoire, difficulté, dignitaire, dimanche, dimension, je diminuerai, dindonneau, diphthongue, diplomatique, directeur, il discontinuera, discussion, disséqueur, distinctif, il distinguera, je divulguerai, le docteur, dogmatique, doguin, domaine, domestique, dompterai-je, douvain, douzaine, dramatique, drapeau, droguiste, droguerie, duchesse, dynamique, dynastie, dyssentérique.

E.

Eau, il éblouira, éborgner, elle ébran-
lera, ecclésiastique, échancrure, échan-
son, échauboulure, échelle, échelon,
échevin, il échouera, éclipse, écliptique,
écrivain, écuelle, écumoire, écusson,
égratigner, élagueur, électeur, élégante,
élémentaire, j'éloignerai, il s'embarquera,
il embaumera, emblématique, empan,
empaqueter, empaumure, empereur,
empester, emphatique, emploi, em-
preinte, emprunterai-je, empyreuma-
tique, émulsion, encan, j'enchaînerai,
énergumène, enfantin, enfreindre, engaî-
nerai-je, il engloutira, il engourdira, j'en-
graisserai, énigmatique, il enjambera,
enjeu, enrhumer, il enterrera, entonnoir,
entorse, il entraînera, j'entreprendrai,
entresol, entretien, entrevoir, épaisseur,
j'épargnerai, épigrammatique, épigraphe,
épilepsie, épingle, Epiphanie, épitaphe,
épouvante, épreuve, équerre, équilibre,
équivaloir, escabeau, escarpin, espagno-
lette, j'étancherai ma soif, Etna, volcan,
étoile, éventoir, évêque, il exclura, ex-

cursion, exécrable, expectatif, j'expé-
dierai, expérimental, expiatoire, expli-
cative, expression, extension, extérieur,
il extraira, extraordinaire, extravagante.

F.

Fabricateur, il fabriquera, je me fâche-
rai, facteur, faculté, fagotin, fainéante,
fanatique, fantasque, fantassin, faquin,
fardeau, farouche, je fatiguerai, faucheur,
faussaire, fauvette, il feindra, féminin,
fermentative, fermoir, ferveur, une figue,
flambeau, flegmatique, fluxion, fonda-
mental, Fontainebleau, fouine, foulque,
fourchette, fourgon, fourneau, fraîcheur,
il franchira, il fréquentera, frontière,
Frontignan, futaine, furoncle, fureur,
funeste.

G, H.

Gabelle, gagne-pain, gaieté, le gain,
la gaîne, galérien, galvanique, gardien,
gascon, gâteau, gauchère, gazetin, gazette, gladiateur, goudron, grattoir, grégorien, grotesque, guéridon, la guérite,
la guerre, la gueule, le guidon, être en
guignon, guimauve, guimbarde, guimpe,

guindé, guirlande, guttural, hâbleur, hâchoir, la haine, la hanche, le hanneton, hanséatique, harangueur, la hardiesse, hautain, hémisphère, heurtoir, le hibou, hiérarchique, hiéroglyphe, histoire, historien, la Hollande, holaucauste, homme, homophonie, l'honneur, horizontal, du houblon, l'huissier, la huitaine, humain, humble, humeur, hydrographie, hydrophtalmie, hymne, hypostatique, hypothécaire, hypothèque.

I, J, K.

Iconographique, identique, ignominie, implexe, indomptable, incompréhensibilité, inhabitable, inhérente, inhumain, iniquité, inquiétude, intellectuel, interlinéaire, intestin, jaculatoire, jambon, jardin, jargon, jaunâtre, Jéhovah (Dieu), jeudi, à jeûn, la jeunesse, jongleur, jugulaire, justesse, kabin, kagne, kakerlaque, kilogramme, kiosque, kyrielle.

L, M, N, O.

Laboureur, labyrinthe, lagolphtalmie, laideur, lampadaire, Languedoc, langueur, larynx, lecteur, leste, lexique, lieutenante, lignette, liqueur, lointain, longueur, lorgnette, machinal, magnanimité, maigreur, je maintiendrai, malfaiteur, malhonnêteté, malignité, maquignon, mélancolique, menteur, métaphorique, méthodique, mystique, navigateur, Neptune, neuvaine, neveu, nigauderie, nomenclature, nonchalante, nourrisson, nouveau, novembre, numéraire, numérateur, nymphe, obligatoire, obscurité, obstacle, octobre, opportun, oui, ours, organsin, orphelin, orthographique, ostensoir, ouest.

Remarque. On ne prononce pas la lettre *o* de cette ligature *œ :*

Cœur, sœur, œuf, œuvre, œcuménique, Œdème, Œdipe, etc., etc.

P, Q, R, S, T.

Paganisme, pantoufle, pantalon, parchemin, parlementaire, (*oi est diphthongue dans* paroisse, paroissial, paroissien, etc.) piqueur, pleuvoir, pneumatique, psaume, le quai, qualité, quantième, qua-

rantaine , quatorze, quelconque , psau-
tier (tié), quelqu'un, quelqu'une, qu'en
dira-t-on, querelle, question, psalmodie,
la queue, quintal, quinzaine, quoi, quoique, quotidien, psalmiste, rabbinisme,
rajeunir, rancune, rasseoir, rauque, ra-
visseur, rédempteur, rédhibitoire, réflexion, républicain, rhétorique, rhuma-
tisme, rhythme, rigueur, rossignol,
rouelle de veau, sacristain, sanctuaire,
sanguin, satisfactoire, scammonée, scan-
dale, scapulaire, scrupule, scrutin,
sculpteur, silhouette, sculpture, spectacle,
sphère, sphinx, splendeur, squelette,
stomacal, tambour, teinture, témoin,
texte, thym, tocsin, tombereau, topo-
graphique, traiteur, transcrire, trans-
gresseur, tringle, triomphante, trophée,
troupeau.

U, V, X, Y, Z.

Union, universelle, ustensile, vais-
selle, vampire, valétudinaire ; vapeur,
véhémente, vendeur, véniel, venin, ver-
misseau, version, vestiaire, vétérinaire,
il me vexera, viande, notre vicaire, vi-

gneron, vigueur, vilain , vindicatif, violon , vocabulaire, la vogue , le volcan ,
volupté , vouloir, vraisemblable , herbe
vulnéraire , xérophthalmie , Xiphias ,
Xénophon , Ypréau , Yverdun, zélateur,
zéphyr, zest , zigzag, zinzolin , zizanie ,
zodiaque , zoographie , zythogala.

SECONDE PARTIE.

PRONONCIATIONS IRRÉGULIÈRES.

C.

Remarque. La cédille est une petite virgule qu'on met au dessous du *c* pour lui donner le son de la lettre *s* devant *a*, *o*, *u* : *ça, ço, çu.*

Commerçable, ineffaçable, façade, il agaça, il déplaça, il remplaça, il traça, traçoir, perçoir, balançoire, il maçonne, arçon, caparaçon, façon, garçon, glaçon, limaçon, poinçon, rançon, suçon, tronçon, j'ai reçu, il a aperçu, j'ai été conçu, etc.

Le *c* se prononce comme l'*s* devant *é* et devant *i* :

Audace, dédicace, glace, grimace, balancé, déplacé, fiancé, merci, raccourci, souci, noirci, etc.

G.

Le *g* a le son de *j* avant *é* et avant *i* :

Age, bagage, aunage, abrégé, clergé, dragée, analogie, magie, astrologie, bougie, Egypte.

La lettre *e* qui est entre le *g* et la lettre *a*, entre le *g* et la lettre *o*, ne se prononce pas ; il ne sert qu'à donner au *g* le son de *j* :

Il abrégea , il adjugea, il agrégea , j'allongeai, il gagea, je nageai, bourgeon, esturgeon, pigeon, plongeon, sauvageon, geolier (jolié), bougeoir, le geai, etc.

S.

La lettre *s* a le son du *z* entre deux voyelles :

Braise , chaise , fraise , phrase , emphase, Thérèse, parenthèse , heureuse , bêtise , cagnardise , gourmandise , brodeuse, chanteuse , cause , chose, clause, aisé , organisé , cramoisi , choisi, jalousie, poésie, conjugaison, j'ai cousu, Isaac, causa , il rasa , etc., etc.

T.

La lettre *t* a toujours son son propre quand il commence le mot ; mais il a ordinairement le son de la lettre *s* dans le corps des mots quand il est suivi de *ia*, *ie*, *ien*, *ion*, *ieu* :

Abbatial , partial, impatial , nuptial, primatial, facétie , inertie , minutie, primatie, prophétie, je balbutie, Egyptien, Capétien, Dioclétien, Domitien, adoption, adoration, affection, caution, position, ambitieuse, captieuse, dévotieuse, factieuse, etc.

Remarque. Le *t* de *sti*, *xti*, *thi*, est régulier, c'est-à-dire que la syllabe se prononce *ti* devant *ion*, *ia*, *ieu* :

Bastion, indigestion, question, mixtion, thiare, Mathias, Mathieu, Ethiopie, hostie, etc.

L.

La lettre *l* est mouillée dans les mots suivans :

Babil, cil, mil (sorte de graine), péril, avril, grésil, aiguille (on prononce l'*u* qui est après le *g*), fille, grille, elle sautille, apostille, camomille, béquille, cédil, etc.

Remarque. L'*i* est nul dans les mots suivans; il ne sert qu'à mouiller la lettre *l :*

Bail, bercail, bétail, détail, éventail, travail, camail, bataille, paille, taille, antiquaille, canaille, écaille, entraille, épousaille, funéraille, mangeaille, médaille, mitraille, éveil, orteil, réveil, soleil, appareil, conseil, sommeil, abeille, bouteille, corbeille, groseille, merveille, oreille,

oreille, vieille, deuil, bouvreuil, cerfeuil, écureuil, fauteuil, seuil, linceuil, la feuille, oille (l'*i* ne se prononce pas, il mouille les deux *l*).

Remarque. Ueil, ueille, œil, se prononcent *euil* en mouillant *l* :

Accueil, cercueil, écueil, orgueil, je cueille, il accueillera, je recueillerai, orgueilleuse, œillade, l'œil, œillère, œilleton, œillet (on ne prononce pas le *t* final : *œillé*).

La lettre *i* est encore nul et il ne sert qu'à mouiller *l* dans :

Fenouil, andouille, elle se dépouillera, citrouille, patrouille, rouille, quenouille, cuillère, cuillerée, cuilleron.

La double *ll* est mouillée dans le nom propre Sully, et dans *Milhaut*, ville.

Exception. La double *l* n'est pas mouillée dans :

Achille, Calville, Camille, Codicille, Gilles, idylle, Lille, mille, pupille, Séville, ville, Sibylle, syllabe, village, imbécille, scille, tranquille, sille, illustre, distiller, vaciller, osciller, cavillation, pusillanime, titiller.

3

X.

La lettre *x* se prononce *cs* dans :

Aix-la-Chapelle, Alexandre, axe, annexe, convexe, équinoxe, extrême, fixe, luxe, maxime, rixe, sexe, taxe, borax, Xerxès, index, larynx, lynx, phénix, préfix, sphinx, Styx, Thorax, Xénophon, etc.

La lettre *x* se prononce *g-z* dans :

Examen, exemple, exercice, exaucer, exhéréder, exhorter, exhumer, exil, exalter, exécuter, exiger, exorable, exulcérer, etc.

La lettre *x* se prononce *c* dans :

Excellente, exception, excessive, exciter, etc.

La lettre *x* se prononce *ss* dans :

Aix, Auxerre, Auxonne, Bruxelles, soixante, dix, six, pour dix, le dix, le six de pique.

L'usage apprendra le reste, c'est-à-dire que l'*x* ne se prononce pas lorsque *six*, *dix* sont suivis d'un substantif.

La lettre *x* se prononce *z* dans :

Sixain, sixième, deuxième, dixième.

Z.

Le *z* se prononce comme deux *ss* dans :

Alvarez, Sénez, Rodriguez, Suez, Metz (mêsse), et autres noms propres.

Gn.

Le *g* et l'*n* se prononcent séparément, c'est-à-dire à peu près comme *gue-ne* :

Ignée, prognée, agnat, inexpugnable, regnicole, diagnostic, stagnant (on ne prononce pas le *t*), stagnation, Agnus-Castus, Gnide, gnome, gnostique, etc.

Les Consonnes finales.

Remarque. On ne prononce pas la consonne finale dans :

Dans, dais, engrais, désormais, François, jamais, laquais, mauvais, bienfait, extrait, imparfait, portrait, souhait, laid, Allemand, brigand, gourmand, marchand, révérend, tisserand, le camp, le champ, blanc, banc, franc, étang, hareng, le rang, le sang, sans vous, tu es méchant, touchant, tu es fainéant, astringent, je suis bavard, brancard, avocat, campagnard, trépas, apostat, il rend, confesser (confêssé), professer (profêssé), becjaune (bèjaune), des becs-jaunes (dèbê-jaune), le chef-d'œvre (chèdeuvre), legs (lê), célibat, artichaut, badaud, crapaud, défaut, nigaud, il perd, il rend, envers, le tiers, pervers, concert, expert, dessert, avez-vous, aimez-vous, vous chantez, assez, le nez très-long, sonnez, objet, préfet, fleuret, flageolet, boiteux, dédaigneux, berger, boulanger, horloger, bijoutier, avancement, adjoint, dévotieux, mieux, la croix, crucifix, la noix, la voix, le plomb, le front, ils vont, le galop, tu as bu le sirop, nous mangeons, cachot, scorbut, le porc frais, broc de vin.

Nota. Le *c* de *broc* et de *porc* ne se prononce qu'à la fin des phrases et devant une voyelle.

La consonne finale est encore nulle dans :

Le baril, chenil, coutil, cul, fenil, fournil, le fusil, le gris, l'outil, du persil, le sourcil, tu es soûl, camp, champ, cep, drap, le loup, fécamp, coup de poing, beaucoup, trop, l'accroc, almanach (almana), estomac, Cotignac, jonc, marc-d'or, tabac, le tronc, le clerc, le croc,

(Le *t* est nul dans Goth, Visigoth.) le banc, le pied, la clef, le cerf, colomb, nerf de bœuf (ner de bœufe), du bœuf salé, nerf délicat, coing, étang, faubourg, hareng, poing, rang, seing, Alexis, frimas, hormis, Judas, Matthias, matelas, le mets (le mè), Thomas, trois, Denis, Louis, Nicolas, Jésus-Christ (Jésucri), ante-christ (cri), aspect, intestat, respect, circonspect, district, huit personnes, cinq personnes.

U.

Remarque. Faites sentir la lettre *u* dans les mots suivans, en observant que l'*u* et la voyelle qui le suit forment ensemble une diphthongue, et non deux syllabes :

Aiguière, aiguille, aiguillette, aiguillon, aiguillonner, aiguiser, Guise (le duc de), le Guide (peintre), inguinal, équestre, consanguinité, à quia, équilatéral, équitation, liquéfaction, questeur, quiétude, Quinte (Curce), Quintilien, quintuple, quirinal, ubiquiste, quiétisme.

Remarque. Guer, gui, forment deux syllabes distinctes, *gu–er, gu–i,* dans :

Arguer, ambiguité.

Remarque. U se prononce *ou* quand il est suivi de *a* dans :

Aquatique, équateur, équation, in-quarto, loquacité, quadragénaire, Quadragésime, quadrangulaire, quadrature, quadrige, quadrilatéral, quadrupède, quadrupe, quaterne, quinquagésime, quinquagénaire.

DD, *ll*, *mm*, *nn*, *rr*, *tt*.

Remarque. On fait sonner les deux consonnes *d*, *l*, *m*, *n*, *r*, *t*, dans :

Addition, reddition, adducteur, allégorie, allégorique, allusion, Apollon, appellation, Bellérophon, belligérant, belliqueux, Bellone; Callioppe, collaborateur, collatéral, collation (d'un bénéfice ou d'un acte), collationner (un acte), etc.

Remarque. On prononce une seule *l* dans :

Collation (petit repas du soir), collationner (faire le petit repas).

On fait encore sonner les deux *ll* dans :

Allégation, collection, collégiale, collision, colloque, colloquer, collusion, ellébore, gallique, équipollence, épellation, follicule, folliculaire, gallicisme, gallican, hellénisme, helléniste, illégal, illégitime, illicite, illimité, Illinois (illinoa), illusion, illustre, Illyrie, libelliste, oscillation, palladium (palladiome), Pallantée, Pallas, pallier, pallium (palliome), pellicule, Pollion, polluer, Pollux, pulluler, rebellion, solliciter, sollicitude, stellionat, syllepse, tabellion, syllogisme, titillation, titiller, tollé, velléité, *et dans tous* les mots qui leur appartiennent.

La double *m* se fait entendre comme consonne et non comme voyelle nasale dans les mots suivans :

Ammoniaque, Ammon, Ammonites, et dans tous les mots à *imm* initial :

Immense, immortel, immensité, s'immiscer, etc.

La double *n* se prononce comme consonne et non comme voyelle nasale dans les mots suivans :

Annales, annate, annexe, annexer, annuel, anniversaire, annuaire, annuité, annulaire, Britannique, biennal, triennal, décennal, Enna, Ennius, honnir, Porsenna, Cinna, Cincinnatus, empenné, ennéagone, quinquennal,

et dans tous les mots à *inn* initial :

Innavigable, inné, innommé, innovation, innover, etc.

La double *r* se fait entendre dans le futur et le conditionnel des verbes *acquérir*, *courir*, *mourir* et leurs composés :

J'acquerrai, tu acquerras, il acquerra, acquerrons-nous, acquerrez-vous, je courrai, tu courras, il courra, nous courrons, vous courrez, ils courront, je mourrai, tu mourras, il mourra, nous mourrons, vous mourrez, ils mourront.

La double *r* se fait aussi entendre dans :

Horrible, terrible, interrègne, narration, terreur, arrogant, s'arroger, correct, incorrect, correction, incorrection, corrélatif, corrélation, corroborer, corroder, corrosif, corrompre, corruption, incorruptible, errata, errer, erreur, aberration, horreur, abhorrer,

et dans tous les mots à *irr* initial :

Irréconciliable, irrésistible, irrité, etc.

Ces listes m'ont été fournies par le *Manuel des Etrangers* de M. Domergue, le seul traité à peu près complet qui existât en ce genre. Ce traité, d'une critique saine, est d'ailleurs plein d'exemples et d'exercices de prononciation notée, qui le feront toujours rechercher.

R, S, T, M.

Remarque. On prononce la lettre finale *r, s, t,* dans :

Alger, amer, belvéder, cancer, cher, l'enfer, la cuiller, éther, le fer, Lucifer, Luther, frater, Gesner, hier, hiver, Jupiter, la mer, magister, le Niger, Prosper, Scaliger, ver.

La lettre *s* finale sonne dans :

Matras, aloès, ambesas, anus, as, bibus, blocus, chorus (korusse), madras, dervis, flores, ad honores, ad patres, fétus, garus, gratis, jadis, laps, relaps, macis, maïs (ma-is), picpus, parisis, rasibus, une vis, du pathos, rébus, angélus, atlas, calus, diésis, Kermès, lapis, mars, mérinos, motus, olibrius, ours, os pubis, rhinocéros, courir sus, us, prospectus, sinus, typhus, vasistas, etc.

Il faut y ajouter quelques substantifs propres tels que :

Ops, Pélops, Mons, Pons de Verdun, Adonis, Pallas, Palès, Xerxès, Périclès, Cérès, Minos, l'impudique Vénus, Iris, Tunis, Pathmos, etc.

Le *t* sonne à la fin des mots suivans :

Accessit, débet, déficit, occiput, tacet, laconit, brut, contact, correct, direct, indirect, incorrect, infect, indult, le heurt, lest d'un vaisseau, lut, de l'or mat, prétérit, rapt, rut, rit, rapt, strict, tact, toast, but, chut, dot, fat, zist, zest, est (orient), granit, ouest, suspect, le Christ (criste), le huit.

La lettre *m* finale se fait entendre dans :

Hem, item, décemvir, septemvir, par intérim, Amsterdam, Roterdam, Siam, Priam, Postdam, Abraham, Nottingham, Selim, Sem, Stockholm, Jérusalem.

S.

Remarque. Se entre deux voyelles a le son de *s* dans :

Désuétude, parasol, tournesol, entresol, contresigner, préséance, présupposer (zé), vraisemblable, monosyllabe, polysynodie,

et dans les mots où la syllabe *re* marque un sens itératif, comme dans :

Resonner, sonner de nouveau.

La lettre *s* se prononce *z* dans les mots suivans, quoiqu'elle ne soit pas entre deux voyelles :

Alsace, balsamine, Alsacien, balsamique, balsamite, transaction, transiger, *droit de* transit, transition, transitif, transitoire.

mais la lettre *s* est ferme dans :

Transi *de froid*, transir, transissement, Transylvanie.

Em, en.

Remarque. Em se prononce comme *a* dans :

Femme, femmelette, fervemment, fréquemment, impatiemment (sia), imprudemment, indécemment (sa), insolemment, patiemment (sia), récemment (sa), révéremment, sciemment (sia), violemment, antécédemment, apparemment, ardemment, conséquemment (ka), décemment (sa), dolemment, diligemment (ja), prudemment, etc., etc.

En se prononce comme *a* dans :

Solennel, solennellement, solenniser, solennité.

Donnez le son nasal à *em*, *en* dans la syllabe initiale des mots suivans :

Emmagasiner, emmaillotement, emmailloter, emmancher, emmanchement, emmancheur, emmannequiner, emmantelé, emmariner, emménagement, s'emménager, emmener, emmérologie, emmenoter, emmieller, emmuseler, emmiellure, emmitoufler, emmortaiser, emmotter, ennui, ennuyer, ennuyeux.

E.

Remarque. L'*é* suivi de deux consonnes est muet dans :

Ressaigner, ressaisir, ressasser, ressaut, ressemblance, ressemeler, ressemer, ressentir, resserrer (resséré), ressort, ressortir, ressource, ressuer, ressouvenir, schelling (chelin).

Enfin *re* est toujours muet quand il marque un sens itératif.

Y.

Remarque. L'*y* grec équivaut à deux *ii* dans *ay* (*é-i*) :

Rayé, payer, je t'ai payé, il a rayé, balayer, nous balayons, vous balayez, bégayer, vous bégayez, défrayer, égayer, que je m'égayasse, essayer, que tu essayasses, quayage, tu m'as payé, que tu payasses, abbaye, rayon, crayon, pays (pé-i), dépayser, je me dépayserai, crayonner, tu crayonneras, crayon, paysan, etc., etc.

Nota. L'*y* grec équivaut à deux *ii*, mais le second *i* prend un son mouillé plus foible que celui de la lettre *l* mouillée, en se joignant à l'é muet :

Je paye, il raye, tu essayes, il payera, nous balayerons, vous me payerez, layetier.

Point tréma ë, ï, ü.

Le point tréma (*ë*, *ï*, *ü*) indique que ces lettres *e*, *i*, *u*, doivent être prononcées séparément de la voyelle qui les précède :

Haïr, haïssons-nous, tu haïras, il a haï, naïve, naïf, héroïde, héroïne, héroïque, laïque, Caïphe, faïence, faïencer, aïeux,

aïeule , Moïse, mosaïque, ouï (entendu),
prosaïque, baïonnette, Caïn, coïncider,
païen, Naïm (na-hi-me), Saül, Archéloüs
(árkélo-hu-sse), Esaü, Antinoüs, Em-
maüs, aiguë, ciguë, ambiguë, contiguë,
exiguë, béguë, besaiguë, Capharnaüm
(cafarna-ho-me).

S , x , nt.

Remarque. Les lettres finales *s*, *x*, *nt*, ne se
prononcent pas dans la plupart des mots, et
n'y sont employés que pour marquer le pluriel.

Exemples :

Les vénérables vieillards, les sombres
forêts, ses cris perçans, tous ces par-
fums sont chers, les boyaux, les joyaux,
les noyaux, les tuyaux, les bureaux, les
châteaux, les cheveux, les neveux, les
cailloux, les choux, les bijoux, les che-
vaux, etc.

Observation. Quand on peut mettre *ils* devant
un mot terminé par *ent*, les deux lettres *nt* ne
se prononcent pas, et l'e qui précède *nt* est
toujours muet.

Exemples :

Ils créent, ils ragréent , ils suppléent,
qu'ils courent, ils meurent, ils donnent,

ils se fâchent, ils rient, ils se tournent, ils s'habillent, ils travaillent, ils commencent, ils jugent, ils jouent, ils suent, ils dénouent, ils se tuent, ils distribuent, ils prient, ils certifient, ils nient, ils donnèrent, ils se fâchèrent, elles jugèrent, elles jouèrent, elles prièrent, elles tutoyèrent, elles payèrent, elles balayèrent, elles suppléèrent.

Remarque. *Oi* est diphthongue, c'est-à-dire *oi* se prononce *oa* dans :

Elles tutoient, ils déploient, elles renvoient, elles nettoient, elles prévoient, ils croient, elles doivent, ils reçoivent, elles conçoivent, etc.

Remarque. *Oi* est voyelle composée, c'est-à-dire *oi* se prononce *ai* dans :

Ils donnoient, elles se fâchoient, ils tournoient, ils s'habilleroient, elles travailleroient, ils rinçoient, elles mangeoient, ils nouoient, elles distribuoient, ils prioient, elles joueroient, ils cloueroient, elles nieroient, elles déployoient, ils payoient, elles essayoient, ils rayoient, ils connoissoient, elles connoîtroient, ils paroissoient , elles paroîtroient, ils méconnoissoient, elles méconnoîtroient , elles comparoissoient , ils comparoî-troient , etc.

Remarque. La diphthongue *oi* précède la voyelle composée *oi* dans :

Ils ploieroient , elles déploiroient, ils remploieroient, elles tutoieroient, elles nettoieroient, ils fourvoieroient ,ils broie-roient, elles prévoiroient, elles croiroient, ils surseoiroient , elles croîtroient , ils boiroient, etc.

Ch.

Remarque. *Ch* qui n'est pas suivi d'une voyelle se prononce *que* :

Christianisme , Chloris , chlamide , clorion , chloriste , chrême , chrétien, Christophe, chronique , etc.

Remarque. *Ch* suivi d'une voyelle se prononce *che*, excepté dans les mots suivans où il se pro-nonce *que* :

Achab, Archéloüs, Achilléide , anacho-rète, archange, archétype, archiépiscopal, archonte, l'os brachial, la cachexie, un catéchumène, chám (ka-me), Chalcé-doine, la chalcographie, un Chaldéen ,

vin

vin chalibé, le chaos, (kao), Chanaan,
une plante chélidoine, la Chersonèse,
une chiliade, un chiragre, chiste, chœur,
chirographaire, chiromancie, cholagogue,
cholédoque, choriste, chorus, chor-
évêque, Chorion, Choroïde, écho,
enchimose, eucharistie, exarchat, ischu-
rie, machoon, Melchisédech, Michel-
Ange, la plante orchis, le rachitis, Hénoch,
saint Roch, lichen (likène), Anachar-
sis, patriarchat, Machiavel, Jéchonias,
Achïas, Melchior, Civita-Vecchia.

Remarque. L'*i* est nul dans *ei* (prononcez *é*) :

Baleine, haleine, peine, pleine, reine,
Seine, veine, verveine, etc.

Remarque. M est nulle dans :

On écrit :	On prononce :
Automne,	autone.
Damner,	dàner.
Condamner,	condàner.
Damnation,	dànation.
Damnable,	dànable.
Damnablement,	dànablement.
Condamnation,	condànation.

Remarque. **P** est nul dans les mots :

Baptême, Baptiste, baptistaire, baptistère, sept, exempt (egzan), compte, compter, prompt (pron), promptitude, je corromps, il rompt, symptôme (sintôme).

Remarque. La lettre *f* se prononce au singulier et ne se prononce pas au pluriel dans :

Singulier, le nerf, l'œuf, le bœuf.

Pluriel, les nerfs, quatre œufs, des bœufs.

Remarque. Le *g* est nul dans :

Coing, étang, faubourg, hareng, poing, rang, sang, seing, Clugny, signet (d'un livre), Regnard (poète comique).

Remarque. **Q** sonne dans :

Le coq, des coq-à-l'âne, coq-de-Bruyère.

Q est nul dans :

Coq d'Inde (codinde).

Remarque. *Eu* se prononce *u* dans :

j'ai eu, as-tu eu de tes livres, a-t-il eu peur, j'eus peur, tu eus, il eut, eûmes-nous, eûtes-vous, eussions-nous, eussiez-vous, que mon frère et ma sœur eussent, etc.

Remarque. *She* se prononce *che* :

Un shéridan, un shérif, etc.

Remarque. L'*e* qui est entre le *g* et l'*u* ne se prononce pas ; il ne sert qu'à donner au *g* le son de *j* dans ces quatre mots seulement :

Gageure (gajure), chargeure (charjure), mangeure (manjure), vergeure (verjure).

Observation. Ne confondez pas *gageure, chargeure, mangeure,* avec *gageur, chargeur, mangeur :* ceux-ci n'ont point d'*e* final, et ils se prononcent *gajeur, charjeur, manjeur.*

Remarque. Les deux dernières consonnes ne se prononcent pas dans :

Le corps, le temps, le Doubs, amict, aulx, le pouls, le puits, échecs, Rochefoucault, Quinault, doigt, legs (lê), fils (ou fisse à volonté), lacs (lâ, nœud, piége), vingt, *est* (ê), il *est,* il n'*est* pas.

Remarque. La consonne finale de *trois, cinq, sept, huit, neuf ;* la consonne de ces mots se fait entendre quand ils ne sont pas immédiatement suivis de leur substantif commençant par une consonne ou une *h* aspirée :

Ils sont *trois*, le *trois* du mois, ils sont *cinq*, le *cinq* de cœur, nous sommes *sept*, il est né le *sept* janvier, c'est le *huit* de pique, le *neuf* de trèfle, il partira le *huit* juin, ils sont *neuf*.

Remarque. La consonne finale des mots *trois*, *cinq*, *sept*, *huit*, *neuf*, ne se fait pas entendre quand ces mots sont immédiatement suivis de leur substantif commençant par une consonne ou une *h* aspirée :

Trois francs, ils sont *trois* frères, *cinq* louis d'or, elles sont *cinq* sœurs, j'ai *sept* cartes, donnez-moi *huit* francs, *neuf* femmes, j'ai compté *trois* hameaux (l'*h* est aspirée), *cinq* hameaux, *sept* hameaux, *huit* hameaux, *neuf* hameaux.

Remarque. Le *t* du mot *vingt* ne se prononce que devant un autre nom de nombre, et devant un substantif qui commence par une voyelle ou une *h* non aspirée :

Vingt-trois, *vingt*-quatre, *vingt*-cinq, *vingt*-sept, *vingt*-huit, *vingt*-neuf, *vingt* écus, *vingt* enfans, *vingt* hommes (l'*h* n'est pas aspirée).

Mais le *t* du mot *vingt* est nul devant un substantif commençant par une consonne ou une *h* aspirée :

Vingt femmes, *vingt* centimes, *vingt* francs, j'ai parcouru *vingt* hameaux.

Remarque. Quatre-vingt se prononce toujours *quatrevin* :

Quatre-vingt-cinq, quatre-vingt-sept, quatre-vingt-huit, quatre-vingt-neuf, quatre-vingt-onze, etc.

Remarque. L'*x* finale des mots *deux, six, dix,* est nulle quand ces mots sont immédiatement suivis de leur substantif commençant par une consonne ou une *h* aspirée :

Deux femmes, *six* francs, *dix* louis, *deux* harengs (l'h est aspirée), *six* harengs, *dix* harengs, *dix* hameaux.

Mais l'*x* finale de ces mots *deux, six, dix,* se prononce comme une *s* quand ils ne sont pas immédiatement suivis de leur substantif commençant par une consonne ou une *h* aspirée :

Combien aviez-vous d'enfans ? *Deux.* Ils sont *deux,* le *deux* février, le *six* mars, j'en trouve *six,* le *dix* de carreau, ils m'en donneront *dix.*

Observation. Quand l'*x* des mots *deux*, *six*, *dix*, est suivie d'un mot commençant par une voyelle ou une *h* non aspirée, elle se prononce comme un *z* :

Deux enfans, *deux* hommes, *six* effron-tés, six habits (l'*h* n'est pas aspirée), dix années, dix hirondelles (l'h n'est pas aspirée).

Observation. **L'***x* de *dix* se prononce *z* dans :

Dix-sept, *dix*-huit, *dix*-neuf.

Remarque. La lettre *s* est nulle dans *sc* quand le *c* est suivi de *e* ou de *i*, ou de la lettre *h* :

Sceau (sô), scel (sel), scélérat (sé), scène (sè), scie (sie), sciure (si), schellin (chelin), schisme (chis), schis-matique (chis), etc.

Remarque. **C** sonne comme *g* dans :

Claude, second, seconder, seconde-ment, secondaire.

C a le son de *che* dans :

Vermicelle, violoncelle (j'aime mieux le son *sé*).

Remarque. On ne prononce pas la lettre *a* dans :

Caen (kan), aôriste (oriste), la Saône

(sóne), taon (ton, grosse mouche), août (ou).

Mais il faut prononcer la lettre *a* dans *aoûter*.

Remarque. On ne prononce pas la lettre *o* dans :

Laon (lan), Laonnois (lanè), paon (pan), paonne (pane), paonneau (panô), faon (fan), faonner (faner).

Remarque. On écrit :	On prononce :
Camoens,	Camo-inse.
Rubens,	Rubinse.
Chrétienté,	chrétié-neté.
Radoub,	radoube.
Rumb,	rombè.
Spleen,	spline.
Le Néker,	Nècre.
Michel Montaigne,	Montagne.
Douche,	douge.
Drachme,	dragme.
Béarn,	Béar.
Tarn,	Tar.
Reims,	Rinse.
Client,	clian.
Inconvénient,	inconvénian.
Patient,	passian.

On écrit :

Ingrédient,
Expédient,
Expérience,
Quotient,
Orient,
Emmaigrir,
Enivrer,
Enivrement,
Enorgueillir,
Enoiseler,
Indemniser,
Indemnité,
Hennir,
Hennissement,

On prononce :

ingrédian.
expédian.
expériance.
quossian.
Orian.
amaigrir.
an-nivrer.
an-nivreman.
an-norgueillir.
an-noizeler.
inda-mnizer.
inda-mnité.
ane-nir.
ane-nisseman.

Nota. On prononce les deux *nn* comme consonne et non comme voyelle nasale dans :

Hennir, hennissement,

et l'*é* qui précède les deux *nn* se prononce *a*.

DERNIÈRE LEÇON

DE PRONONCIATIONS IRRÉGULIÈRES.

Remarque. Le double *w* se prononce comme un *v* simple dans :

Westphalie, Wallon, Warvick, Washington, Wesel, Windsor, Wolfram, Wolga, Worms, Wurtemberg, etc.

Remarque. Le double *w* se prononce *ou* dans :

On écrit :	On prononce :
Wisk,	ouisk.
Wiski,	ouiski.
Wigh,	ouig.

Newton se prononce Neuton.

Laws se prononce lâsse.

ABRÉGÉ DE LA PROSODIE.

L'enfant dira par cœur : Il y a des voyelles longues et des voyelles brèves. Les voyelles longues sont celles sur lesquelles on appuie plus long-temps que sur les autres en les prononçant ; les voyelles brèves sont celles sur lesquelles on appuie moins long-temps.

Voyelles longues.

Able long dans tous les substantifs : cāble, diāble, érāble, fāble, rāble, sāble, etc., et dans les verbes : on m'accāble, je m'ensāble, il hāble.

Ace long dans espāce, grāce.

Ache long dans lāche, gāche, relāche, tāche (entreprise), etc.

Acre long dans ācre (piquant), sācre (oiseau) ; bref dans tout le reste.

Voyelles brèves.

Able bref dans tous les adjectifs : aimăble, capăble, durăble, raisonnăble, etc. ; *able* bref dans les deux substantifs tăble, étăble.

Ace bref dans audăce, glăce, préfăce, tenăce, vorăce, plăce.

Ache bref dans moustăche, văche, il se căche, Eustăche, tăche (souillure).

Acre bref dans ăcre (terre), năcre, diăcre, săcre du roi, etc.

Remarque. Les mots suivans sont brefs au singulier, longs au pluriel ; ce n'est même qu'en les prosodiant exactement que l'on peut faire sentir souvent si le mot dont il s'agit est au pluriel ou au singulier.

Singulier. Le băc, l'estomăc, le hamăc, le lăc, le săc, le tabăc, l'almanăch, le détăil, le gouvernăil, le portăil, le sérăil, le băl, il ēst exăct, il ēst lăid, du drăp, l'attentăt, un soldăt, le contrăt, l'ingrăt, le sĕc, un respĕct profond, l'homme suspĕct, un projĕt, le sommĕt, le jouĕt, le couplĕt, le secrĕt, l'effĕt, un décrĕt, etc.

Pluriel. Les bācs, estomācs, les lācs, les sācs, les portăils, les băls, homme et femme exācts, des drāps, les soldāts, les contrāts, les respēcts; les secrēts, les décrēts, etc.

Singulier. Le sŏt, le sanglŏt, un pŏt, le pavŏt, au matelŏt, au javelŏt, au flŏt, au complŏt, au cachŏt, au ballŏt, de l'abricŏt, etc.

Pluriel. Les sōts, les sanglōts, aux pōts, les pavōts, aux matelōts, aux javelōts, aux cachōts, etc.

Singulier. Si l'on ne s'adresse qu'à une seule personne : Etes-vous satisfăit, etc.

Pluriel. En parlant à plusieurs personnes : Etes—vous satisfāits, etc.

Abre, acle, afle, afler, ation, sont toujours longs :

Cinābre, sābre, il se cābre, tout se délābre, rācler, il rācle, il débācle, orācle, mirācle, obstācle, spectācle, tabernācle, rāfle, je rāfle, rāfler, érāfler, modérātion, considérātion, réparātion, etc.

A est long lorsqu'il est suivi d'un *z* ou d'une *s* entre deux voyelles :

Gāzette, blāson, etc.

Règle. Toute syllabe affectée de l'accent circonflexe est longue :

Age, bâton, connoître, forêt.

Exeptez *dû, crû, hôtel, hôtellerie, hôtesse, hôpital :* tous mots qui devroient rejeter l'accent circonflexe, parce qu'il y est placé contre l'esprit de son institution.

Agne long seulement dans :

Je gāgne, gāgner.

Ade, afe, aphe, age, agne, ague, aigre, sont toujours brefs :

Aubăde, cascăde, făde, sérénăde, săde, il persuăde, carăfe, agrăfe, épităphe, păge, la răge, imăge, arrosăge, breuvăge, hommăge, Allemăgne, Espăgne, campăgne, montăgne, Charlemăgne, băgue, dăgue, văgue, il extravăgue, châtăigne, je dăigne, vinăigre, il se băigne, on le săigne, măigre, etc.

Règles. Quand un mot finit par la lettre mouillée *l*, la syllabe est brève :

Eventăil, portăil, etc.

La voyelle qui précède les lettres *r* et *s* suivies d'une consonne, est toujours brève :

Bărbe, bĕrceau, jăspe, măsque, pŏste, etc.

Règles. Le verbe *est* est toujours long :

Il ēst, elle ēst.

La conjonction *et* est toujours brève :

L'eau ĕt le vin, le feu ĕt l'eau, etc., etc., etc.

*Homonymes qui ont une signification différente,
selon qu'ils sont prononcés longs ou brefs.*

Alēne, outil du cordonnier ; *halĕine*, respiration. *Bāiller*, respirer ; *băiller*, donner. *Beāuté* des traits ; *bŏtté*, qui porte des bottes. *Bēte*, animal ; *bĕtte*, herbe potagère. *Cēne*, dernier souper de Notre-Seigneur Jésus-Christ ; *Sĕine*, rivière. *Chāir*, substance molle ; *chĕr*, de grand prix, chéri. Cela est *clāir* ; un *clĕrc* de notaire. *Fāite*, sommet ; elle a été *făite*. *Fāix*, fardeau ; il *făit*. Jour de *fēte* ; elle a été *făite*. *Forēt*, terrain couvert de bois ; *forĕt*, instrument à percer. *Grāve*, adjectif ; *grăve*, du verbe graver. *Hāle*, air chaud et sec ; *hălle*, marché. *Hōte*, celui qui loge ; *hŏtte*, grand panier. *Lēgs*, ce qui a été légué ; *lăit*, liqueur blanche ; *lăid*, vilain. *Māître*, substantif ; *mĕttre*, verbe. *Māle*, sexe masculin ; *mălle*, sorte de coffre. La *mānne* céleste ; *mănne*, panier d'osier. *Māsse*, espèce de massue ; *măsse*, amas. *Mātin*, gros chien ; de grand *mătin*. *Pāume*, jeu, dedans de la main ; *pŏmme*, fruit. *Pēcher*, prendre du poisson ; *pĕcher*, faire des fautes. *Pēne* de serrure ; *pĕine*, affliction. *Plāine*, rase campagne ; *plĕine*, féminin de plein. *Rōgne*, je rōgne ; *Rŏgne*, maladie. *Rōt*, rôti ; *rŭt*, vent. *Sās*, tissu de crin ; *să*, çă. *Sāut*, action de sauter ; *sŏt*, stupide. *Scēne* de théâtre ; *Sĕine*, rivière, filet. *Tēte*, partie de l'animal ; il *tĕtte*. *Trēs*, adverbe ; *trăit*, dard, ligue. *Vāine*, féminin de vain ; *vĕine*, vaisseau qui contient le sang. *Vēr*, insecte rampant ; *vĕrt*, de couleur verte. *Vōler*, dérober ; *vŏler* dans les airs.

C'est en observant les syllabes longues et les syllabes brèves, c'est en contractant l'habitude d'appuyer sur les premières et de glisser sur les secondes, c'est en accoutumant son oreille à placer l'accent prosodique sur la syllabe qui doit le recevoir, et l'accent oratoire sur le mot de la phrase qui en est susceptible, que l'on parvient à saisir les nuances prosodiques d'où résulte l'harmonie que l'orateur ou le poète a eue en vue ; c'est alors enfin que l'on réussit à bien parler et à bien lire.

On ne saurait croire quelle grâce ces appuis délicatement ménagés communiquent à la lecture. Au lieu que si, transportant l'appui, vous posez lourdement sur la pénultième, votre bouche grimace, le ton est faux, et l'oreille s'indigne.

Liaisons des mots, ou changemens que les consonnes finales subissent dans ce cas.

Le mécanisme des liaisons consiste uniquement à prononcer les consonnes finales devant les mots qui commencent par une voyelle.

Règle. Le c, d, f, g, n, p, q, r, s, t, x, z, se lie comme k, t, v, k, n, p, q, r, z, t, z, z.

Le *c* se lie comme *k :*

Il a un *estomac* intraitable. Du *tabac* en poudre. Il étoit assis sur un *banc* élevé. Passer du *blanc* au noir. Prêter le *flanc* aux ennemis. Il a un caractère *franc* et ouvert. Un *franc* étourdi. Un *Franc* et un Gaulois. Compter de *clerc* à maître. Un *broc* en vidange. Donner le *croc* en jambe.

Un *jonc* effilé. Un *tronc* antique. Un *porc-épic*. Un *almanach* intéressant, etc.

Remarque. *Ct* se lient comme *k* dans :

Un homme *abject* et vil. Un *aspect* imprévu. Un riche *circonspect* et modéré. Un discours *indirect* et modéré. Un air *infect* et pestilentiel. Un son *distinct* et bien marqué. Un *instinct* admirable. Un discours *succinct* et peu développé. Le *respect* humain. *Suspect* à quelqu'un. Un *district* immense.

Exception. Le *c* ne se lie pas dans :

Un *franc* | et vingt centimes. Un *marc* | et deux onces.

D.

Règle. Le *d* se lie comme *t :*

Le *grand* Alexandre, un *grand* homme. *Entend*-il ? *Coud*-elle bien ? Avoir en ville un *pied* à terre. De *pied* en cap. De *fond* en comble. En *second* ordre, etc.

Exceptions. Le *d* ne se lie pas dans :

Un *gond* | à plâtre. C'est le *second* | après lui. Un *marchand* | en gros. Un *blond* | ardent. Un *nid* | à rat. Mettre *pied* | à terre. Avoir le *pied* | écorché. Un *nœud* | assorti , etc.

Le *d* des mots en *ard*, en *aud*, en *ord*, en *ourd*, ne se lie jamais :

Un *babillard* | impitoyable , un *brouillard* | épais, un *vieillard* | avare. Il souffre le *chaud* | et le froid. Un *crapaud* | affreux. Un *abord* | agréable. Je suis d'*accord* | avec lui. Il est *sourd* | et muet.

F.

Règle. La lettre *f* se lie comme *v :*

Neuf amis, *neuf* hommes , un enfant de *neuf* ans. Il est *neuf* heures, etc.

L'*f* ne se lie pas dans les autres mots :

Une *clef* | à vis. On connoît le *cerf* | à ses abattures. Le *juif* | et le gentil. Un *œuf* excellent, etc.

G.

Règle. Le *g* se lie comme *k* dans :

Répandre le *sang* à grands flots, *sang* impur, *sang* échauffé, *sang* aduste, suer *sang* et eau.

Exception. La liaison du *g* n'est pas encore en usage dans les autres mots :

Un *étang* | empoisonné. Tenir le *poing*

| élevé. Un champ *long* | et étroit. En *long* | et en large , etc.

N.

Règle. L'*n* se lie comme *n*.

Observation. Il n'y a que l'*n* des adjectis suivis immédiatement de leurs substantifs qui doive se lier :

Un *certain* air, en *plein* été , *un* ami , *un ancien* ami , le *divin* amour, le *bon* homme, *mon* ami , *son* ame , *ton* ame , *aucun* ouvrage, *commun* intérêt, un *importun* ami , l'*un* et l'autre.

Règle. Quand l'adjectif n'est pas immédiatement suivi de son substantif, point de liaison :

Cela est *certain* | et indubitable. Un jour *serein* | et clair. Un air *badin* | et plaisant. *Enclin* | à la paresse. Un homme *bon* | et compatissant. Etre *bon* | à entendre. Du vin *bon* | à boire. *Chacun* | à l'envie faisoit gloire de raconter ses vertus. Il n'a rien de *commun* | avec lui, etc.

Règle. Ne liez jamais l'*n* finale des substantifs :

Il mange son *pain* | à la sueur de son front. Un *chagrin* | universel. Un *témoin* | oculaire.

| oculaire. Un *buisson* | épais. Une *raison*
| éclairée. Le *brun* | et le violet.

Remarque. L'*n* des mots *bien*, *combien*, *rien*, *on*, *en*, se lie :

Cela est *bien* agréable. Il est *bien* instruit. Bien entendu que c'est *bien* assez. Bienheureux. Il sent *combien* il a tort. *Combien* il vous aime! N'avoir *rien* à faire. Il n'y a *rien* à reprendre, *rien* à louer dans cet ouvrage. *On* a dit. *On* ouvre. *On* entre. *On* instruit. *En* arrière, *en* avant, *En* été. *En* oraison. *En* Italie. *En* avez-vous assez ? Il *en* approuvera le plan. Il *en* est de cela comme du reste.

Observation. L'*n* finale du pronom *en* ne se lie pas quand le pronom *en* n'est pas suivi d'un verbe ; ainsi point de liaison dans :

Croyez-*en* | un ami sincère. Allons-nous *en* | à Paris. Parlez-*en* | au prince.

Remarque. L'*n* finale du mot *quelqu'un* ne se lie que lorsque ce mot *quelqu'un* est sujet d'un verbe :

Quelqu'un a dit. *Quelqu'un* assure, etc. Ailleurs point de liaison :

J'ai vu *quelqu'un* | à la promenade qui

vous intéresse. J'ai vu *quelqu'un* | avec vous, qui fera tort. Prendre *quelqu'un* | à témoin , etc.

P.

Remarque. Le *p* des mots qui ne sont pas substantifs se lie comme *p* :

Il est *trop* ambitieux, *trop* indulgent. Je ne me fie pas *trop* à lui. *Beaucoup* en ont parlé , mais peu l'ont bien connue.

Observation. Le *p* final des substantifs ne se lie jamais :

Un *drap* | usé. Un *drap* | enrichi de broderies. Tel fut le *coup* | affreux dont il fut frappé. Le *galop* | est l'allûre d'un cheval qui court. Un *sirop* | excellent. Un *loup* | affamé. Un *loup* | enragé. Un *camp* | inexpugnable. Un *champ* | en friche, etc.

R.

Règle générale et sans exception. Dans tous les infinitifs des verbes terminés en *er*, la lettre *r* finale devient nulle devant les consonnes, et alors cette finale *er* se prononce comme un *é* fermé :

Aimer Dieu. *Flatter* les grands. *Marcher* rapidement. *Abandonner* le champ de bataille , etc.

Remarque. Mais lorsque la lettre *r* finale des infinitifs est suivie d'une voyelle, alors *r* se lie comme *r*, et la syllabe *er* prend un son moyen entre celui de l'*é* ouvert et celui de l'*é* fermé :

Aimer un ingrat. *Louer* un homme sage. *Marcher* au combat. *Abaisser* une perpendiculaire. *Accoster* une personne. *Traiter* une question. *Accepter* une lettre de change, etc.

Remarque. L'*r* finale des adjectifs *léger, dernier, entier, premier, singulier,* suivis immédiatement de leur substantif, se lie comme *r*, en faisant les mêmes observations que celles qui ont été faites sur les verbes à l'infinitif, c'est-à-dire que la syllabe *er* a presque le son de l'*é* ouvert :

Un *léger* obstacle. Un *léger* inconvénient. Le tombeau est le *dernier* asile de l'homme. Je suis le *dernier* homme du monde. Le *dernier* effort. Il prit un *entier* ascendant sur son esprit. Faire un *entier* abandon de ses biens. C'est le *premier* homme du monde pour la guerre. C'est le *premier* orateur de son siècle. C'est le *premier* objet qui se présenta à ses yeux. Un *singulier* évènement. Je me trouve dans un *singulier* embarras.   5.

Mais quand les adjectifs *léger*, *dernier*, *entier*, *premier*, *singulier*, ne sont pas immédiatement suivis de leur substantif, l'*r* finale ne se lie pas, et la syllabe *er* se prononce comme *é* fermé :

Etre *léger* | à la course. Un homme *léger* | et inconstant. Je serai le *dernier* | à y renoncer. Il fut le *dernier* | et le mieux traité. Il arriva le *dernier* | au rendez-vous. Il est tout *entier* | à ses amis. Il monta le *premier* | à l'assaut. Il fut le *premier* | à dire son avis. Il est le *premier* | en sagesse. Le cas étoit *singulier* | et embarrassant.

Remarque. Ne liez jamais la lettre *r* finale des autres adjectifs ni des substantifs :

Un esprit *mensonger* | et trompeur. Tout est *passager* | ici bas. Etre *étranger* | aux intrigues des partis. Un *archer* | à cheval. Donner un *baiser* | en signe d'amitié. Un *berger* | avec son troupeau. Le *boucher* | ordinaire du prince. Un *boulanger* | achalandé. Un *clocher* | élevé. Un *cocher* | adroit. Un *danger* | imminent, etc.

S.

Règle. La lettre *s* se lie comme *z* :

Des *détails* immense. Des *hommes vains* et orgueilleux. Des *terreins* en friche.

Crains au moins celui qui voit tout. Les *saints* Apôtres. Des *traits* envenimés. Des *forfaits* inouis. Les *camps* ennemis. Les *champs* Elysées. Les *blancs* et les noirs. Le lion se bat les *flancs* avec sa queue. Il aspire aux *rangs* élevés de l'état. Des *draps* usés. Des *égards* infinis. Des *remparts* inaccessibles. Des *chefs* intrépides. Des *brefs* apostoliques. Un *printemps* agréable. Des *auteurs* anonymes. Le *tiers* état, etc.

T.

Règle. Le *t* se lie comme *t* dans :

Le *Saint*-Esprit est Dieu. Un *attrait* invincible. Un *souhait* accompli. Un *vaillant* homme. Un *accident* imprévu. Un *bosquet* agréable. Un *habit* élégant. Se signaler par un *exploit* extraordinaire. Il est *prompt* à servir ses amis. Le Mont Olympe. Payer le *tribut* à la nature.

Remarque. Le *t* du verbe *est* se lie toujours :

Il *est* aimable, *est*-elle vertueuse.

Le *t* de la conjonction *et* ne se lie jamais :

Il est bon | *et* aimable.

Remarque. Le *t* final des substantifs terminés en *ant* ne se lie jamais :

Un *agonisant* | aux abois. Un *aspirant* | aux charges d'état. Un *assaillant* | intrépide. Le *battant* | infatiguable d'une cloche. Réunir le *brillant* | au solide. Un *calmant* | efficace. Un *chant* | agréable, etc.

Mais le *t* final des mots en *ant* qui ne sont pas substantifs se lie toujours :

Un champ *aboutissant* à la rivière. Il est *accommodant* et facile. Un jeu *amusant* et curieux. *Avant* et après. *Avant* hier. *Autant* à vous qu'à moi. Un mérite *brillant* et réel. En *célébrant* une fête, etc.

Remarque. Le *t* final des mots terminés en *art*, *ert*, *eurt*, *ort*, *ourt*, ne se lie jamais :

Un *départ* | imprévu. avoir *part* | au profit. De *part* | et d'autre. Un *concert* | harmonieux. Un *désert* | affreux. Il *meurt* | avec résignation. Un *effort* | impossible. Un | homme *fort* | et courageux. Il *accourt* | à grands pas. Couper *court* | à une conversation. Il est *fort* | aimable. *Fort* | heureusement. Il est *fort* | ennuyé. Il travaille *fort* | et ferme. Cela lui tient *fort* | a cœur. Il est *court* | et bon. Un *court* | espace. Un *court* | entretien, etc.

X.

Remarque. La lettre *x* se lie comme *z* dans :

Aux hommes, *aux* ingrats, *deux* hommes, *dix* enfans, *dix*-huit femmes, *six* enfans, *six* ans, un *faix* accablant, une *paix* insidieuse, la *faux* impitoyable. Les *faux* impitoyables. Un *douloureux* accident. Un *fameux* écrivain. Un *nombreux* auditoire, etc.

Z.

Règle. Le *z* se lie comme *z* dans :

Il est *assez* instruit. *Chez* un ami. Un *nez* aquilain. Vous *aimez* à lire. Vous *passez* à la hâte. Vous *chantez* agréablement, etc.

De l'Aspiration.

On distingue deux sortes de lettres *h :* l'une aspirée, et l'autre nulle ou muette. Quand cette lettre est aspirée elle donne au son de la voyelle suivante une articulation gutturale, et alors elle a les mêmes effets que les autres consonnes. Si elle commence le mot elle empêche l'élision de la voyelle finale du mot précédent, rend muette la consonne finale. Ainsi au lieu de dire avec élision, *funest'hasard* en quatre syllabes comme *funest'ardeur*, on dit *funeste hasard* en cinq syllabes.

Voici la liste des mots les plus usités où se trouve l'aspiration. Il importe de se familiariser avec eux au point qu'on ne soit point embarrassé lorsqu'on en rencontre.

Règle. On ne lie jamais les consonnes finales suivies de la lettre *h* aspirée :

Ils | hâbleroient. Aux | hâbleurs. Les | haches. En | hachant. Un | hachereau. les hachettes. Un bon | hachis. des | hachoirs. Toutes les | hachures. Les yeux | hagards. Un | holà. Les | haies. Les | haillons. Les | haines. Très | haineux. Nous | haïssons, vous | haïssez, ils | haïssent. Ils avoient | haï. Les | haires. Il est | haïssable. Les | halages. Les | halbrans. Nous sommes | hâlés. Nous | hâlerons. Vous | haletez. Aux | haleurs. Langage des | halles. Les | hallebardes. Aux | hallebardiers. Les | halliers. Les | haloirs. Les | halots. Les hameaux. Aux | hamacs. Les | hampes. Les | hanches. Des | hangars. Mon | hanneton. Les | hannetons. Ils | hantent les cabarets. Deux | happes.

Les | happelourdes. Les chiens | happent.
Aux | haquenées. Les | haquets. Des |
haquetiers. Aux | harangues. Ils | haran-
guent. Les | harangueurs. Des | haras (l'*h*
du mot *haras* perroquet est nulle). Je
suis | harassé. On nous | harcelle. Aux |
hardes. Elles étoient | hardies. Nous avons
| hardiment décidé de la question. Les |
harengs. Les | harangaisons. Des | haren-
gères. Aux chiens | hargneux. Les | hari-
cots. Des | haridelles. Ils | harnachent.
Aux | harnois (*au arné*). Les | harpes.
Les | harpeaux. Des | harpies. Aux | har-
pins. Les | harpons. Ils | harponoient Des
| harponneurs. Aux | harts. Un bon |
hasard. Nous nous | hasardons. Il entre-
prit, cela bien | hasardeusement. Des
joueurs | hasardeux. Nous nous | hâte-
rons. Les | hâteurs. Des | hâtiers. Aux
fleurs | hâtives. Des | hâtivaux. Il a fait
venir les fruits | hâtivement. Nous | haus-
sons. Vous | haussez. Ils | haussoient. Ils
avoient | haussé. Les | haubans. Des |
hausse-cols. Les plus | hautes montagnes.
Des personnes | hautaines. Les | hautbois.

Des | haûts-de-chausse. Des | hautes-contre. Ils ont | hautement déclaré cela. Des | hautes tailles. Les | hauteurs de l'esprit. Des visages | hâves. Un bon | haveron. Les feux | hâvissent. Des | havre-sacs. Mon | havre-sac. Les chevaux | hennissent. Ils | henniroient. Les | hennissemens. Les | héraults. Aux | héros. Les lions | hérissent leur crinière. Les | hérissons. Les remèdes | herniaires. Les | hernies. Les | hérons. Des | héronneaux. Des oiseaux | héronniers. Aux | héronnières. Les | herses. Ils | hersoient. Les | hêtres. Nous | heurtons. Vous | heurtez, il veut | heurter. Les | heurtoirs. Les | hiboux. Elle est | hideusement défigurée. Des peronnes | hideuses. Toutes les | hiérachies. Les gouvernemens | hiérachiques. Les | hobereaúx Les | hoches. Des | hochemens. Nous | hocherons la tête. Un | hochet. Mettre les | hola. Ils | hongreront. Des chevaux | hongres. Nous avons | honte. Ils avoient été chassés | honteusement. Cet enfant est | honteux. Un | horion. Il est | hors de la ville. Des | hors-d'œuvre. Les | hottes.

(75)

Deux | hottées. Un bon | houblon. Il veut
| houblonner. Des | houes. Cinq | hou-
lettes. Aux houppes. Nous | houpperons.
Vous avez | houppé. Ces femmes | hour-
deront. Les | houssards. Aux | husards.
Deux | hussards. Cinq | housses. Nous |
housserons. Trois | houssines. Elles
avoient | houssiné. Un | houssoir. Les |
houx. Un | hoyau. Deux | huards. Des |
| hochets. Toutes les | huées. Nous | hue-
rons. Ils vont | huer. Vous | hueriez. Les
huguenots. Les | hunes. Un | hunier. Ils
| hument. Ils avoient | humé le brouillard.
Aux | huppes. Deux alouettes | huppées.
Les | hures. Des | hurlemens. Ces loups |
hurlent. Ils ont | hurlé. Les | huttes. Une
| hâblerie (en cinq syllabes). Notre |
hallage (en cinq syllabes). Votre |
hardiesse (en six syllabes). Cette | hâti-
veté (en six syllabes). Votre | hauteur
(en quatre syllabes). Cette | horde (en
quatre syllabes). Quatre | housards (en
quatre syllabes), etc, etc , etc.

De la lettre h *non aspirée.*

Si la lettre *h* est muette elle n'indique aucune articulation pour le son de la voyelle suivante qui reste dans l'état actuel de simple émission de la voix ; et dans ce cas elle n'a pas plus d'influence sur la prononciation que si elle n'étoit point écrite ; et si elle commence le mot, la lettre finale du mot précédent, soit voyelle, soit consonne, est réputée immédiatement suivie d'une voyelle. Ainsi au lieu de dire sans élision *titre honorable* en six syllabes comme *titre favorable*, il faut dire avec élision *titr'honorable* en cinq syllabes, comme on dit *titr'onéreux* en quatre syllabes.

Exemples des mots les plus usités où la lettre h *est muette.*

Règle. On lie toujours les consonnes finales suivies d'une *h* nulle :

Il est habile. Tu t'es habilement tiré d'affaire. Tes habillemens. Ils se sont habillés. Les habits. Des bâtimens habitables. Aux habitans. Les habitations. Nous habitons. Il veut habiter. Les habitudes. Vous vous habituerez. Son haleine. Aux hameçons. Les Hébreux. Les herbes. Les vertus héréditaires. Les hérétiques. Nous

hériterons. Vos hésitations. Ils ont hésité.
Il est deux heures. Tu es heureux. Les
hiatus. Des hirondelles. Aux histoires. Bon
historien. Les hivers. Les holocaustes. Les
homélies. Aux hommes très-honnêtes. Les
honneurs. Les hôpitaux. Les belles hor-
loges. Un bon horloger. Toutes les hos-
ties. Cet hospice. Les hôtels. Les saintes
huiles. Les choses humaines. Nous ne
sommes pas humbles. Les humeurs. Un
temps humide. Ils sont humiliés. Les hy-
dropiques. Des hypocrites. Ils hypothé-
queront. Toutes les hymnes. Cette horreur (en trois syllabes). Quatre heures
(en trois syllabes), etc., etc., etc.

Remarque. La lettre *h* conserve l'aspiration
dans les mots composés de ceux où elle est as-
ée, tels que :

Chat-huant (cha-huant), déharnacher,
enharnacher (an - harnacher), enhardir
(an-hardir), aheurtement, etc.

Cette lettre fait alors l'effet du tréma, et sert
à annoncer que la voyelle qui la suit ne s'unit
pas en diphthongue à la voyelle qui la précède.
On en excepte *exhausser*, *exhaussement*, qui,

quoique formés de *hausser* et *haussement* où l'*h* est aspirée, ne prennent point l'aspiration.

Les dérivés du mot *héros*, tels que *héroïne*, *héroïsme*, *héroïque*, *héroïquement*, *héroïde*, ne prennent point l'aspiration : si l'*h* étoit nulle dans *les* | *héros* on pourroit confondre les | héros de l'histoire avec les zéro en chiffre.

L'*H* du mot *Henri* s'aspire dans le discours soutenu, mais on ne l'aspire jamais dans la conversation, quoiqu'on doive toujours dire *la Henriade*.

L'*H* du nom propre *Henriette* ne s'aspire dans aucun cas.

Voilà à peu près ce qu'il y a d'utile à remarquer sur le mécanisme de la lecture. Si l'on procède avec ordre, si le jeune lecteur n'est admis à une leçon nouvelle qu'après avoir bien compris celle qui précède, c'est-à-dire parfaitement instruit des élémens qui y sont tracés, et parfaitement en état d'en faire l'application dans un livre quelconque, il est certain qu'il saura lire. Je vais transcrire ici quelques phrases et quelques vers choisis que l'enfant lira avant de passer à d'autres livres. Si en lisant il hésite, il tâtonne ; s'il lit lentement sans lire contre les règles établies, attendez du temps et de l'usage qu'il acquière plus de célérité dans le coup-d'œil et plus de flexibilité dans l'organe. Chaque jour il fera un pas vers le but. Nous ne marchons fermes, étant hommes, qu'après avoir chancelé, étant enfans.

Mais s'il articule un élément d'une manière fausse, mettez-lui devant les yeux la règle contre laquelle il a manqué, puis de la règle revenez à l'application. Il est de la dernière conséquence que l'enfant travaille avec méthode, et se règle sur des principes.

Les phrases et les vers qui vont servir de matière à des lectures peuvent encore servir à orner la mémoire. L'enfant pourra apprendre par cœur ce qu'il a lu ; c'est un moyen sûr d'acquérir de la facilité, et le véritable ton de la lecture.

L'étude de la Religion doit accompagner toutes les autres. L'enfant s'y livrera en apprenant le catéchisme du diocèse par cœur. Les applications du maître donneront du développement aux vérités que le catéchisme renferme.

———

TROISIÈME PARTIE.

PHRASES A LIRE COURAMMENT.

Remarque. L'enfant doit surtout éviter avec grand soin de répéter la même syllabe, le même mot, ou de s'arrêter à chaque pas au milieu des mots. Une attention qu'il faut avoir pour éviter les contre-sens, c'est d'embrasser le plus de mots qu'il est possible, et de ne lire de bouche qu'après avoir lu des yeux.

La Religion est le soleil du monde moral. — La Religion met un frein aux passions. — La fraude a sa candeur comme la probité. — La dépravation a sa naïveté comme l'innocence. — La perfidie a son salaire comme la fidélité. — Tout le genre humain vient d'un couple. — Les abeilles sucent les fleurs. — Les abeilles font de la cire et du miel. — Les œillets et les giroflées sentent bien bon. — Les thermomètres indiquent le froid et le chaud. — Les baromètres indiquent le beau et le mauvais temps. — La foi est une enclume qui

brise

brise tous les marteaux. — L'erreur vicie, et la vérité perfectionne. — J'ai cinq sens : la vue, l'ouie, l'odorat, le goût, et le toucher. — La vue est dans mes yeux ; l'ouie, dans mes oreilles ; l'odorat, dans mon nez ; le goût, dans mon palais ; le toucher, dans tout mon corps, et surtout dans mes mains. — Nier la justice de Dieu, c'est nier Dieu lui-même. — L'aversion pour les dogmes naît de l'aversion pour les préceptes. — La Religion est admirée par tous les savoirs, et calomniée par toutes les ignorances. — Si Dieu n'est pas le vengeur du crime et le rémunérateur de la vertu, son existence n'est qu'une illusion. — L'éternité n'est douteuse que pour ceux qui s'y précipitent en insensés. — Les mauvais livres aveuglent l'esprit et corrompent le cœur. — Le temps qui affoiblit tout fortifie les mauvaises habitudes. — Celui qui a promis le pardon aux pénitens n'a point promis le lendemain aux pécheurs. — Nous n'avons pas la moindre grâce que Jésus ne nous l'ait achetée au prix de son sang. — Il faut que nous aimions nos ennemis

ou que nous nous haïssions nous-mêmes.
— Quand les hommes n'auroient rien d'aimable que d'avoir été aimés de Jésus-Christ, ne seroit-ce pas assez pour m'obliger à les aimer de tout mon cœur. — Il est mille fois plus honteux pour moi que mes péchés paroissent à la vue de Dieu que s'ils étoient exposés aux yeux de toute la terre. — Nous sommes redevables à Dieu non-seulement des grâces que nous avons reçues, mais encore de celles qu'il avoit dessein de nous donner, si nous n'y eussions point mis d'obstacles. — O imprimerie, que tu as fait du bien et du mal à la terre ! Tu partages avec le soleil le droit d'éclairer le monde, et avec la foudre celui de le ravager. — L'esprit et le cœur font tout l'homme : l'un est le foyer de nos connoissances, et l'autre de nos sentimens ; et combien il nous importe de ne point altérer leur noble destination ! — O Evangile, ô livre au dessus de tous les livres, tu réunis tous les sublimes, toutes les beautés, toutes les perfections ; on s'aperçoit aisément que c'est une main divine

qui en a tracé les caractères ; avec lui, notre esprit est plus savant que tous les Aréopages.

Le bonheur est la fin naturelle de l'homme : il désire invinciblement d'être heureux ; mais trop souvent la raison incertaine et les passions aveugles l'égarent loin du terme où il aspire avec une si vive ardeur.

Les fausses opinions ressemblent à la fausse monnoie qui est frappée d'abord par de grands coupables , et dépensée ensuite par d'honnêtes gens qui perpétuent le crime sans savoir ce qu'ils font.

Ne perdez jamais de vue cette grande vérité : *Qu'une loi générale , si elle n'est injuste pour tous , ne sauroit l'être pour l'individu.*

La loi juste n'est point celle qui a son effet sur tous, mais celle qui est faite pour tous.

Il n'y a rien de si attesté, rien de si universellement cru, sous une forme ou sous une autre, rien enfin de si intrinsèquement plausible que la théorie du péché originel.　　　　6.

La lecture est comme la clef et le canal des sciences.

Les lumières des écrivains dont nous lisons les ouvrages deviennent les nôtres.

Prétendre à une universalité de connoissances, c'est une folie qui ne peut servir qu'à produire des esprits superficiels.

Quand on veut tout savoir, on ne peut rien approfondir.

On ne voit pas de savans universels ; nous remarquons au contraire que les plus grands hommes de l'antiquité n'ont brillé que dans une certaine partie : les Socrate, les Platon, les Aristote, les Pythagore, dans la philosophie ; les Thucydide, les Hérodote, les Tite-Live, dans l'histoire ; les Démosthène, les Cicéron, dans l'éloquence ; les Homère, les Virgile, les Horace, dans la poésie.

Le siècle de Louis-le-grand, qui a donné tant de savans, n'en a point produit d'universels : l'un étoit grand orateur, l'autre, grand philosophe ; celui-ci, profond théologien ; celui-là, habile historien ; un autre, grand astronome ; chacun a brillé dans un genre particulier ; ils avoient sans doute d'autres connoissances, mais qui n'étoient pas si approfondies que celles de la science qui faisoit l'objet principal de leurs études.

Il est plus facile de censurer un livre que de le composer.

Il est à propos de quitter la lecture un moment avant de s'ennuyer.

Lire trop long-temps fatigue l'esprit sans l'éclairer et le fortifier.

La marche de la lecture doit toujours commencer par la préface ou l'avertissement, pour se mettre plus au fait du dessein de l'auteur ; cette connoissance préliminaire servira d'introduction à la lecture de l'ouvrage.

On ne doit lire que pour s'instruire, et on ne s'instruit bien dans la lecture que par la réflexion.

Il faut donner à l'esprit le temps de digérer ce qu'on lit ; lire avec précipitation, c'est imiter ceux qui mangent avec avidité : l'estomac, qui devroit en être fortifié, s'en trouve au contraire accablé et surchargé.

La méthode de lire la plume à la main, et d'extraire ce qu'on trouve de bon et d'intéressant, relativement à la science qu'on cultive par état ou par goût, produit plusieurs avantages : elle aiguise, anime l'attention du lecteur, et rend la lecture plus profonde : elle facilite l'intelligence des choses qui s'impriment plus profondément dans l'esprit quand on les relit: elle est un excellent remède contre l'oubli.

Les dispositions requises pour lire avec fruit les saintes Ecritures sont la pureté du cœur, l'humilité, la simplicité et la foi.

D. Qu'est-ce que la prononciation ?

R. C'est la manière plus ou moins claire, plus ou moins nette, avec laquelle on fait sonner les mots.

D. Que doit-on faire pour bien prononcer ?

R. On doit bien distinguer et bien faire entendre les syllabes qui doivent être prononcées, appuyer sur chacune, ouvrir assez la bouche, et desserrer les dents.

D. En quoi consiste le mouvement ?

R. Dans la manière plus ou moins vive

avec laquelle on récite un discours. Le mouvement doit varier suivant les différens sentimens et les diverses situations de celui qui parle.

D. En quoi consiste le ton ?

R. Dans l'accent plus ou moins grave, plus ou moins doux, avec lequel on prononce. Il doit aussi être déterminé par les différentes sensations de l'orateur.

De la Voix.

La voix ressemble aux cordes d'un instrument : trop lâches, elles n'ont point de forces ; trop tendues, elles ne sonnent plus, elles crient et se rompent. Garder un milieu, hausser ou baisser les tons à propos, c'est être dans la règle.

La voix est l'interprète du cœur, elle prend autant de tons qu'il y a de diverses affections dans l'ame ; et le grand point est de ressentir les mouvemens que l'on veut exciter dans les autres.

Il est nécessaire de savoir sa langue par principes pour prononcer avec grâce. L'élocution suppose une parfaite connoissance de la grammaire.

Cicéron demande trois qualités dans la voix : qu'elle soit étendue pour se répandre dans l'assemblée la plus nombreuse ; ferme pour se soutenir également ; flexible pour varier ses tons selon le sujet. Ces perfections de la voix sont un don de la nature, qui fait dans plusieurs prédicateurs la partie la plus brillante et peut-être l'unique cause de leur réputation.

Exercices de la Voix.

Ceux qui ont la prononciation ou trop lente, ou trop précipitée, ceux-mêmes dont la voix grasseye, pourroient lire avec de petits cailloux dans la bouche, en s'efforçant de bien prononcer : la mâchoire trop pesante, par là devient légère ; et quand elle est trop précipitée, ces cailloux en tempèrent la vîtesse. On rapporte du fameux Poisson, comédien, qui parloit gras, qu'il devint par cet exercice le premier acteur comique de la France.

L'exemple de Démosthène suffit pour nous animer à profiter de toutes les ressources que l'art et l'exercice peuvent nous fournir. Il avoit la voix foible, la langue

embarrassée, l'haleine courte. Il fit cons-
truire un cabinet sous terre où il descen-
doit tous les jours pour s'exercer, y demeu-
roit plusieurs mois de suite ; et pour s'ôter
l'envie d'en sortir, il se faisoit raser une
partie de la tête. Il prononçoit à haute
voix. Ses organes s'ouvrirent, sa voix
s'éclaircit et se fortifia. Il délia sa langue
grasse, et lui donna plus de jeu ; il dis-
sipa sa courte haleine en prononçant, la
bouche pleine de cailloux, courant de
côtés et d'autres, montant et descendant
les montagnes les plus roides, parlant sur
le bord de la mer agitée, et s'efforçant de
surmonter le bruit des flots. Ainsi, par
cet exercice violent et assidu, parvint-il
à la gloire d'être l'orateur de tous les
siècles.

Etes-vous sujets à bredouiller ? prononcez posément et distinctement, dans
vos lectures particulières, tous les mots
et toutes les syllabes.

Un gosier bien disposé, net, flexible
et coulant, est un grand avantage, parce
qu'il communique à la voix ses propres

dispositions : enflé, il l'étrangle ; épais, il l'obscurcit ; maigre, il l'écorche ; iné- gal, il la coupe ; trop humide, il l'embar- rasse ; trop sec, il l'éteint.

La promenade, la frugalité, la conti- nence contribuent également à la voix.

Tout ce qui offense la gorge affoiblit la poitrine ; certaines maladies légères comme la pituite, qui tombe du cerveau sur les poumons, nuisent à la voix.

Les Grecs défendoient aux orateurs les fruits et les figues. Ils ont cru que les pommes, les poires, les noix, l'eau froide en diminuoient la douceur. Néron, pour entretenir sa voix, s'en interdisoit l'usage.

Deux choses, selon les médecins, don- nent à la voix de la clarté et de la douceur. Les prunes douces tempèrent l'âpreté des artères et du poumon ; l'eau d'orge, le sirop d'amandes douces, la raciné de mauve, la violette, le miel cuit, le sucre, le raisin sec, l'hyssope, le poireau, l'ail, etc., qui sont détersifs, leur paroissent d'un usage avantageux.

De la contenance et du maintien du Lecteur.

Le premier mouvement de celui qui écoute une lecture ou un discours quelconque est de fixer ses regards sur l'individu qui porte la parole. Que cherche-t-il ? Il cherche dans l'attitude, dans le jeu de la physionomie de celui qu'il écoute, un supplément à la clarté des idées qui lui sont transmises.

Une contenance modeste plaît et séduit toujours. Quand un lecteur plein de lui-même, et se croyant sans doute supérieur aux lois de la bienséance, s'adresse au public avec un maintien suffisant et dominateur, avec une contenance qui semble en quelque sorte commander les suffrages, il éveille l'amour-propre et la vanité de ses auditeurs qui le suivent pied à pied avec l'attention de la malveillance ; ils s'érigent en juges, ou plutôt en censeurs impitoyables ; ils ne consentent à rien de ce qui peut être contesté : au lieu que, lorsqu'il s'énonce avec cette modestie qui prouve le respect qu'il porte à ses auditeurs, et l'hommage qu'il leur rend, cette

contenance les flatte toujours, et les dispose favorablement.

Soit assis ou debout, le lecteur conservera un maintien modeste ; c'est un témoi-
gnage de déférence qu'il doit aux personnes
qui l'écoutent, et dont il va fixer les regards. Les cercles et les sociétés littéraires
offrent souvent l'occasion d'une lecture
instructive ou agréable ; c'est dans ces
circonstances qu'un lecteur doit chercher
à intéresser ses auditeurs par un maintien
décent et réservé.

Il n'est pas rare de voir un lecteur
s'abandonner sur sa chaise à des balan-
cemens périodiques, à la fin de chaque
phrase ; d'autres, lire accoudés sur une
table, ou chercher leurs aises par tous
les moyens possibles, en se tournant dans
tous les sens : toutes ces contenances sont,
à juste titre, réprouvées.

Outre la modestie qui plaît et intéresse
toujours, la contenance du lecteur doit
avoir d'autres caractères encore ; il faut
qu'elle soit ferme et prononcée ; et cela
non-seulement pour flatter les yeux du

public, mais même pour l'intérêt de sa lecture. Toute position du corps qui tend à gêner la respiration est nuisible, surtout lorsqu'il s'agit d'en faire un emploi total. Dans la lecture l'usage de toute la respiration est nécessaire. Il faut donc que le lecteur se réserve les moyens de s'en servir à son gré, et de l'employer dans toute sa force. Pour cela il doit tenir sa tête haute, ses épaules effacées, et son corps droit ; car, physiquement parlant, telle est la situation qui laisse à la respiration une plus grande liberté, et aux mouvemens de la poitrine tous leurs ressorts.

Des Liaisons défectueuses.

C'est une grande erreur de penser que tout mot finissant par une consonne doive être joint au mot suivant s'il commence par une voyelle. Cette opinion donne lieu à une prononciation affectée, pédantesque, rude, et qui souvent intervertit le sens même des idées.

En général, toutes les fois qu'on peut ou qu'on doit établir des repos dans la prononciation, indépendamment même de

ceux qui sont déterminés par la ponctuation, il faut se dispenser de lier les mots
entre lesquels on fait ces repos.

Quelquefois on rencontre plusieurs
mots de suite qui, à la rigueur, pourroient être liés, mais dont les liaisons,
tombant sur les mêmes consonnes, for-
meroient une continuité de sons pareils :
il faut, dans ce cas, couper ces liaisons
et s'abstenir de les exécuter dans leur
totalité, pour éviter ce traînement désagréable de sons égaux ; ainsi dans cette
phrase :

Vous étiez aux abois ainsi que vos amis,

si l'on prononçoit : *Vou zétié zau zabois
zainsi que vos zamis*, rien ne seroit plus
désagréable à l'oreille que ce continuel
retour de la même liaison ; il faudroit dire :
Vou zétié au zaboi ainsi que vo zamis.

Quelquefois encore il y a des liaisons
qui changent absolument la nature d'un
mot, et lui donnent un sens tout-à-fait
différent de celui qu'il a dans le discours.
Il faut éviter avec soin ces sortes de liaisons. Il est juste alors de sacrifier la dou-

ceur de la prononciation à la clarté de l'idée. Je suppose qu'on eût à lire ces vers :

Par lui l'homme d'état, dispos après diner,
Forme l'heureux projet de nous mieux gouverner.

Gastronomie (effet du café).

Si on lioit, comme on le devroit, la finale du mot *dispos*, il seroit difficile que l'auditeur ne prît pas le change sur le sens de ce mot, et qu'il n'entendît pas : *dispose après dîner;* d'autant mieux qu'en n'y regardant pas de trop près, ce sens pourroit être très-vraisemblable, et que rien d'ailleurs n'est changé à la construction du vers : il faut donc, dans ce cas et semblables, se dispenser de lier les consonnes finales, et le vers dont il s'agit doit être lu ainsi :

Par lui l'homme d'état, dispô après diner,
Forme l'heureux projet de nous mieux gouverner.

Nécessité des Liaisons.

Souvent la transmission orale du véritable sens d'une phrase dépend entièrement de l'observation d'une liaison ; de sorte que si elle n'étoit pas exécutée, l'auditeur seroit induit en erreur, et ne sauroit à quoi s'en tenir sur la nature de l'idée qu'on veut lui communiquer. Si j'avois à lire ces mots : *son cœur avide d'honneurs et de richesses*, etc., et si je les énonçois sans lier l'*s* du mot *honneurs*, il est évident que l'idée seroit totalement dénaturée, et qu'au lieu de présenter l'image d'un homme *courant après les honneurs*, je présenterois celle d'une ame *passionnée* pour *l'honneur ;* différence qui est assez remarquable, je pense, pour montrer combien la liaison de la finale du mot *honneurs* avec la conjonction *et* importoit ici à l'exactitude de l'idée qu'il s'agissoit de transmettre.

Lisons cette autre phrase : *sensibles à ce bienfait, leur reconnoissance éclata par les plus vifs transports.* Si je ne lie pas ici l'*s* du mot *sensibles* avec la voyelle *à* qui suit, alors je n'exprime qu'un singulier, et par conséquent je dénature l'idée. On dira sans doute qu'elle ne tarde pas à être expliquée par la suite du discours ; je l'avoue : mais cela ne justifie pas la discordance qui se trouve par ma faute dans l'énonciation des membres correspondans de la phrase, ni l'erreur l'erreur dans laquelle j'ai jeté un instant mes auditeurs, en leur présentant comme un singulier ce qui est un pluriel. La liaison devant faire disparoître toute équivoque, il falloit l'exécuter, et en ne l'exécutant pas j'ai compris le sens de l'idée que j'avois à exprimer.

Beautés qui résultent du juste emploi des Liaisons.

Que l'on écoute tour à tour deux lecteurs dont l'un possède l'art des liaisons, et connoît en même temps le secret de les adoucir et de les rendre coulantes, et dont l'autre n'en exécute aucune ou les exécute à faux, brusquement et sans goût : dans le premier quelle diction agréable ! quel enchaînement harmonieux de mots ! quelle douce continuité de sons flatteurs ! et dans l'autre quelle prononciation âpre, dure, brisée, désagréablement conduite, fatiguante pour l'oreille, et dénuée de toute espèce d'intérêt ! Dans le premier c'est la langue d'un peuple poli ; elle intéresse et satisfait à la fois et l'oreille et l'esprit ; et dans le second c'est un idiome barbare qui semble sortir à peine des aspérités de sa première origine, et qui offense autant le goût que la raison.

Vous qui cultivez le don si précieux de la parole, attachez-vous donc à perfectionner votre diction par le juste emploi des consonnes finales : ce n'est là sans doute qu'une des nombreuses lois de la prononciation française ; mais, encore une fois, c'est elle qui y répand le plus d'intérêt, et qui annonce le plus, dans celui qui l'observe, une éducation soignée et un goût cultivé.

De la Ponctuation.

Les signes gradués de la ponctuation sont la virgule (,), le point-virgule (;), les deux points (:), et le point (.). Le point se sous-divise en *point interrogatif* (?), en *point exclamatif* (!), et en *points suspensifs* (....).

Voici d'autres signes qu'on appelle la parenthèse (), les guillemets (»), le trait de séparation (—).

La ponctuation est le flambeau de la lecture, les signes dont elle se sert sont le fil qui guide le lecteur dans le dédale des périodes. Otez-en la ponctuation, il n'y a plus d'issue; c'est un chaos inextricable.

La ponctuation, dit l'abbé Girard, soulage et conduit le lecteur; elle lui indique les endroits où il convient de se reposer pour prendre sa respiration, et combien de temps il doit y mettre; elle contribue à l'honneur de l'intelligence, en dirigeant la lecture de manière que le stupide paroisse, comme l'homme d'esprit, comprendre ce qu'il lit; elle tient en règle l'attention de ceux qui écoutent, et leur fixe les bornes du sens; elle remédie aux obscurités qui viennent du style.

La *virgule* marque la moindre de toutes les pauses écrites, et la plus insensible. Aussi le lecteur ne doit-il jamais en abuser, et prendre à son occasion un repos qui nuiroit à la vérité et à l'unité de la pensée dont la parole doit présenter une image fidèle.

Le *point-virgule* désigne une pause un peu plus grande; une chute légère doit le marquer, et sa durée est bornée au temps qu'il faut pour reprendre haleine.   7.

Les *deux points* annoncent un repos un peu plus considérable que celui du *point-virgule*, le repos qu'exigent les deux points dans une lecture soutenue doit être marqué, et la chute qui les accompagne plus exprimée que dans le signe du *point-virgule*.

Le point. Le repos qu'entraîne le point doit être décisif : c'est là où le lecteur doit clore la période par une chute bien caractérisée.

Le *point interrogatif* se met à la fin de toute proposition qui interroge.

Le *point exclamatif* se met après toutes les phrases qui expriment la surprise, la terreur, ou quelqu'autre sentiment affectueux, comme de tendresse, de pitié, etc.

Les *points suspensifs* annoncent du désordre dans les idées ; ils expriment l'état d'une ame fortement agitée.

Considéré sous ces trois rapports, le point a les mêmes effets, quant au repos qu'il exige ; mais il a la propriété de changer le ton du lecteur, et surtout aux chutes finales qui n'ont plus le même caractère des chutes ordinaires.

Les mots qu'enferme la parenthèse doivent être marqués par un léger changement de voix. Un changement plus sensible est indiqué par les guillemets et par le trait de séparation.

Des Repos de l'esprit et de l'oreille, ou des Demi-Repos.

En lisant, on doit faire bien des poses qui ne sont point marquées, parce que ces pauses sont plus foibles que celles indiquées par la virgule ; c'est ce qu'on nomme ordinairement des *demi-repos*.

Il n'y a point de virgule sans repos, mais il est souvent des repos sans virgule.

J'ai observé, dit Domergue, que l'oreille est blessée, lorsqu'en lisant on prononce plus de huit syllabes sans prendre haleine. Je sais que de bons poumons peuvent fournir une tenue plus longue ; mais ils ne la fourniront pas long-temps ; on finira par être essoufflé.

La respiration, cette fonction vitale confiée aux poumons, ne peut rester long-temps oisive. Or l'émission des syllabes la suspend ; on ne peut, à la fois, respirer et parler. Il suit que, si la voix a une tenue trop longue, la nécessité de respirer précipite et gêne la prononciation. Cette contrainte de la voix est le fléau de l'oreille. Rien ne la flatte plus au contraire que l'aisance, fille heureuse des pauses. Ainsi, quoiqu'on ne doive pas excéder huit syllabes sans prendre haleine, on peut, avant ce nombre, respirer avec grâce.

De tout cela il est aisé de conclure que les repos indiqués par le mécanisme de la respiration n'ont pas toujours besoin de l'être par la virgule.

Les repos de l'esprit et de l'oreille sont marqués dans la prononciation par des inflexions de voix ou interruptions presqu'insensibles, que le goût seul et la précision naturelle de celui qui lit lui prescrivent.

Tels sont les nombres considérés comme des espaces terminés; ils mettent à l'aise l'esprit, l'oreille, la respiration de celui qui lit et de celui qui écoute : ils présentent les objets nettement séparés;

ils lient les phrases par des rapports sy-
métriques ; ils les font croître ou décroître
selon les circonstances, et les varient de
manière que le goût est satisfait.

Exemples des signes de la Ponctuation...

DE LA PARENTHÈSE ().

Remarque. Les mots qu'enferme la parenthèse doivent être marqués par un léger changement de voix.

Une petite bouche, pourvu qu'elle ne
le soit pas excessivement (car tous les
excès sont des défauts) est belle naturel-
lement, parce qu'elle s'ouvre avec plus de
grâce et un souris plus fin.

Petites pièces de lecture en vers, où tous les signes
de la ponctuation sont marqués.

Soyons pour nos parens pleins de respect, d'amour ;
Nous verrons nos enfans nous chérir à leur tour.

Les bienfaits qu'on reçoit, on les doit publier ;
Les bienfaits qu'on dispense, on les doit oublier.

Qu'un menteur quelquefois dise la vérité,
Son discours de mensonge est justement traité.

L'homme vrai parle-t-il ? on s'empresse, on l'écoute ;
Tout ce qu'il dit échappe à l'injure du doute.

L'homme cupide est pauvre ; on n'est riche en effet
Que lorsqu'on met un frein au désir inquiet.

Recherche la science, elle a mille douceurs ;
La science nous donne et l'or et les honneurs.

De l'étude bientôt le charme nous ravit ;
Amère en sa racine, elle est douce en son fruit.

Tu voudrois tout savoir, réprime cette ardeur ;
Quand on gagne en surface on perd en profondeur.

Garde-toi d'embrasser l'arbre encyclopédique ;
Oh ! qu'on étreint bien mieux une science unique !

De l'émail de tes dents prends soin tous les matins ;
Que l'eau coule à foison pour la bouche et les mains.

Voici trois médecins qui ne se trompent pas :
Gaîté, doux exercice et modeste repas.

De la nutrition le miracle s'opère
Non par les mets qu'on prend, mais par ceux qu'on
    digère.

La nuit, au médecin le sage a peu recours ;
On a de longs sommeils quand les soupers sont courts.

Attendons pour manger qu'en nos veines lactées
Les esprits aient poussé les liqueurs argentées.

Des mets indigérés le pénible fardeau
Ne doit point s'aggraver d'un aliment nouveau.

Toute réplétion à ta perte conspire ;
Réplétion de pain des excès est le pire.

Richesse, honneurs, savoir, le bien le plus vanté,
Qu'est-il? une ombre vaine, au prix de la santé.

Santé, trésor sacré que le fou prostitue,
On ne connoît ton prix qu'après t'avoir perdue.

SONNET SUR LA MORT DE NOTRE-SEIGNEUR JÉSUS-CHRIST.

Quand Jésus-Christ souffroit pour tout le genre humain,
La mort, en l'abordant au fort de son supplice,
Parut toute interdite et retira la main,
N'osant pas sur son maître exercer son office.
Mais Jésus, en baissant la tête sur son sein,
Fit signe à l'implacable et sourde exécutrice
De n'avoir point d'égard au droit du souverain,
Et d'exercer sur lui son fameux sacrifice.
La barbare obéit, et ce coup sans pareil
Fit trembler la nature et pâlir le soleil,
Comme si de sa fin le monde eût été proche.
Tout pâlit, tout se mut sur la terre et dans l'air,
Et le pécheur fut seul qui prit un cœur de roche,
Quand les rochers sembloient en avoir un de chair.

Exemple des Guillemets (« »).

Les guillemets, ainsi appelés du nom de celui qui s'en servit le premier, s'emploient pour distinguer certaines citations étrangères au texte du discours dans lequel on les place.

Remarque. Les guillemets indiquent un changement de voix plus sensible que la parenthèse.

L'exemple qui suit est tiré d'un petit poème d'Eléazar.

Mais que vois–je ? avilis par l'or et par la crainte,
Des Hébreux au vieillard osent parler de feinte !
Et leur bouche, affectant une indigne pitié,
Le sollicite au crime, au nom de l'amitié !
Eléazar répond (et Dieu même l'inspire) :
« Amis lâches et faux ! qu'avez–vous pu me dire ?
» Me connoissez-vous bien ? avez-vous pu penser
» Qu'à cent ans de vertus j'aille ici renoncer ?
» Voyez ces cheveux blancs, et rappelez ma vie :
» Jamais d'aucune tache elle ne fut ternie ;
» Dans ma religion affermi par mon Dieu,
» Je marchaï dans sa voie, en tout temps, en tout lieu ;
» Et la tombe, où bientôt vous me verrez descendre,
» Receyra mes vertus en recevant ma cendre.
» Non, je ne feindrai point ; non... feindre c'est pécher.
» Aux regards des mortels on peut bien se cacher ;
» Dieu voit tout ; et d'ailleurs me croyez-vous capable
» D'entraîner dans le crime une foule innombrable ?
» La jeunesse diroit : Mangeons des mets proscrits,
» Le sage Eléazar se les est bien permis.
» Soldats, à l'échafaud menez votre victime. »
Les amis du vieillard à ce discours sublime
Tombent à ses genoux qu'ils baignent de leurs pleurs.
Le repentir déchire et console les cœurs, etc.

Exemples du Trait de séparation.

Le trait de séparation ou *le tiret* est une ligne horisontale un peu plus longue que le trait d'union ; il sert à indiquer, dans les dialogues, le changement des personnages qui s'entretiennent ; son utilité est telle qu'il dispense, par élégance, de la répétition des mots, *dit-il*, *dit-elle*, *il répliqua*, *reprit-elle*, et autres de cette nature.

Remarque. Le tiret indique le même changement de voix que les guillemets.

L'impie Anthiochus, après avoir blasphémé le Dieu des Hébreux dans le temple de Jérusalem, veut obliger Eléazar à manger des mets défendus par la loi.

Qu'Eléazar paroisse, et dans l'instant choisisse
Entre ces alimens et le dernier supplice.
Eléazar se lève, et, plein d'un saint transport :
« Me voici, répond-il. — Que choisis-tu ? — La mort.
» — Tu mourras. — Frappe.... Hé quoi ! tyran, ta
  main balance !
» Frappez, bourreaux trop lents ! hâtez ma récompense,
» Elle m'attend ; le ciel la découvre à ma foi,
» Le trépas y conduit : vous, peuple, imitez-moi. »

Autre exemple du Tiret.

Debout, dit l'avarice, il est temps de marcher.
— Eh ! laisse-moi. — Debout. — Un moment. — Tu
  répliques !

— A peine le soleil fait ouvrir les boutiques.
— N'importe, lève-toi. — Pourquoi faire après tout ?
— Pour courir l'Océan de l'un à l'autre bout.

Autre exemple du Tiret.

LE MARIAGE A LA MODE,
épigramme.

Mariez-vous. — J'aime à vivre garçon.
— J'aurois pourtant un parti. — Dieu m'en garde !
— Tout doux : peut-être il vous plaira. — Chanson !
— Quinze ans.—Tant pis.—Fille d'esprit.—Bavarde.
—Sage. — Grimace. — Et belle. — Autre danger.
—Grand nom.—Orgueil.—Le cœur tendre.—Jalouse.
— Des talens. — Trop pour me faire enrager.
— Et par-delà, cent mille écus. — J'épouse.

ÉPIGRAMME.

Mes malades jamais ne se plaignent de moi,
Disoit un médecin d'ignorance profonde :
   Ah ! repartit un plaisant, je le croi,
Vous les envoyez tous se plaindre en l'autre monde.

AUTRE ÉPIGRAMME.

   Je dis toujours du bien de toi,
   Tu dis toujours du mal de moi ;
Mais je ne sais quel malheur est le nôtre,
   On ne nous croit ni l'un ni l'autre.

Traduction d'une épigramme latine sur une femme qui parloit sans langue.

   Qu'une femme parle sans langue,
   Et fasse même une harangue,
     Je le crois bien :

Qu'ayant une langue, au contraire,
Une femme puisse se taire,
Je n'en crois rien.

Impromptu sur le portrait d'un grand parleur.

Mons Bavardin et son portrait
N'auront jamais de ressemblance :
A l'un il faudroit du silence,
Ou bien à l'autre du caquet.

ÉNIGME.

Cinq voyelles, une consonne,
En français, composent mon nom ;
Et je porte, sur ma personne,
De quoi l'écrire sans crayon.

Le mot de l'énigme est *oiseau*.

AUTRE ÉNIGME.

A la candeur qui brille en moi
Se joint le plus noir caractère :
Il n'est rien que je ne tolère ;
Mais je suis mauvais quand je boi.

Le mot de l'énigme est *papier*.

AUTRE ÉNIGME.

Je suis difficile à trouver,
Et plus encore à conserver.
Les curieux, pour me connoître,
Avec grand soin me font la cour.
Mais mon destin me défend de paroître :
Car l'instant où je vois le jour
Est l'instant où je cesse d'être.

Le mot de cette énigme est le *secret*.

De la Lecture des mots.

Lorsqu'on sait donner à chaque lettre le son qui lui convient, et à chaque syllabe le ton prosodique qui la caractérise, on a déjà fait de grands progrès dans la lecture.

Les mots sont soumis à deux règles. La première est que les mots ordinaires sortent avec clarté, aisance et précision. Les émissions sourdes nuisent à l'effet qu'on se propose, celui de se faire entendre. Les émissions embarrassées fatiguent l'auditeur plus peut-être que le lecteur même. Les émissions lâches détendent l'esprit qui se détache d'un discours qu'il faut attendre trop long-temps.

Il est une seconde règle qui est dictée par le goût ; c'est d'appuyer sur les mots saillans de la phrase, non-seulement pour rompre la monotonie, mais pour porter à l'auditeur le trait qui s'adresse à son esprit, à son imagination, à son cœur.

Dans cette épitaphe du maréchal de Lowendal :

> Ci-gît un des plus grands héros
> Qui jamais ait servi la France,
> Et qui laissa de sa vaillance
> Plus d'*envieux* que de *rivaux*.

C'est sur *envieux* et sur *rivaux* qu'il faut appuyer avec noblesse, mais sans éclat.

Dans la jolie fable du cerf-volant (*), par M. de Fumars, l'aigle dit à l'oiseau prétendu :

> Etranger assez leste,
> Je t'aurois cru né dans ces lieux ;
> Mais *ce ton insolent* que tout vrai grand déteste,
> *Ce fil un peu terreux*, à ta suite emporté,
> Ont démenti ton air céleste,
> Et m'ont appris la vérité.

Ton insolent, *un peu terreux*, réclame l'appui de la voix. *Un peu terreux* surtout est une image qu'il seroit intolérable de ne pas faire sentir plus particulièrement, en le prononçant avec le sourire du mépris.

(*) Cerf-volant, papier collé sur des baguettes que les enfans font aller en l'air au moyen d'une ficelle qui le retient.

M. d'Arnaud en parlant des richesses qui furent portées au trésor public pour soutenir une guerre juste, s'écrie :

O citoyens couverts d'une gloire immortelle !
Si l'avenir, frappé d'une image si belle,
Demande quels grands cœurs illustrent ces bienfaits,
Vérité, par ma voix réponds : *Tous les Français.*

Tous les Français doit être prononcé d'un ton plus haut que le reste. Cette émission doit porter dans les cœurs l'amour de la patrie et l'attendrissement.

La lecture dans sa perfection est aux idées ce que le dessin, l'ordonnance et le coloris sont aux originaux : elle en est l'expression pittoresque. Un exemple rendra ce précepte lumineux :

LE LOUP ET L'AGNEAU.

Un agneau se désaltéroit
Dans le courant d'une onde pure ;
Un loup survient à jeûn, qui cherchoit aventure,
Et que la faim en ces lieux attiroit.
Qui te rend si hardi de troubler mon breuvage ?
Dit cet animal plein de rage ;
Tu seras châtié de ta témérité.

Un agneau se désaltéroit, etc. C'est une narration simple et qui n'a besoin que d'une émission ordinaire.

Qui

Qui te rend si hardi de troubler mon breuvage, etc. La matière entraîne tout lecteur sensible et lui donne, pour ainsi dire, le hurlement du loup.

L'agneau doit trembler devant un ennemi puissant, et s'humilier devant un maître fier. La lecture doit peindre ce trouble et ce respect.

Sire, répond l'agneau, que votre majesté
    Ne se mette point en colère,
    Mais plutôt qu'elle considère
    Que je me vas désaltérant
        Dans le courant,
    Plus de vingt pas au dessous d'elle,
Et que par conséquent en aucune façon
    Je ne puis troubler sa boisson.
Tu la troubles, reprit cette bête cruelle ;
Et je sais que de moi tu médis l'an passé.
Comment l'aurois-je fait, si je n'étois pas né ?
    Reprit l'agneau, je tette encor ma mère.
    Si ce n'est toi, c'est donc ton frère ?
Je n'en ai point. — C'est donc quelqu'un des tiens ?
    Car vous ne m'épargnez guère,
    Vous, vos bergers et vos chiens.
On me l'a dit : il faut que je me venge.
    Là dessus au fond des forêts
    Le loup l'emporte, et puis le mange
    Sans autre forme de procès.

On sent que le hurlement doit avoir
un degré de plus. Il y a un sublime con-
traste entre ce ton brusque et rauque du
brigand des forêts et la douceur tremblante
et respectueuse de l'agneau.

Au reste appuyez diversement suivant
les diverses circonstances ; que votre voix
flexible se montre à tous les tons pour exprimer tous les sentimens, pour peindre
toutes les images.

M. Domergue dit aux lecteurs : *Sentez,
et lisez* comme il vous plaira.

Mais ce sentiment des beautés d'une
phrase, cette connoissance parfaite des
détails et de l'ensemble exige non-seulement un tact naturel, mais encore une
étude réfléchie qui le développe. N'oublions
pourtant jamais que la lecture sentimen-
tale doit être fondée sur la lecture régulière.

En général rien n'est plus rare qu'un
bon lecteur. Tout le monde sait dire un
mot après l'autre, presque personne ne
sait lire.

Utilité de la lecture, et choix d'une bibliothèque.

D. De quelle utilité est la lecture ?

R. La lecture des bons livres ouvre l'esprit, développe l'intelligence, orne la mémoire, forme le jugement, perfectionne le goût, éveille l'imagination ; elle nous fait vivre dans tous les siècles et dans tous les climats, elle occupe agréablement nos loisirs, elle nous préserve de l'ennui et des dangers du désœuvrement, enfin telle est son influence que seule elle peut dans un jeune homme suppléer à la foiblesse des moyens, et que sans elle au contraire les études languissent, et les talens eux-mêmes restent condamnés à une triste stérilité.

D. Quelles conditions doit avoir la lecture pour être véritablement utile ?

R. Elle doit être faite avec choix, avec ordre, avec réflexion.

D. Qu'est-ce que lire avec choix ?

R. C'est, parmi une multitude innombrable d'ouvrages qui existent, se fixer à ceux qui excellent sous le rapport de la littérature ou des sciences, etc., et qui de plus respectent la religion et les mœurs.

8.

D. Qu'est-ce que lire avec ordre ?

R. C'est suivre constamment le but qu'on s'est proposé pour son instruction, sans s'écarter à courir d'auteurs en auteurs, au gré du caprice et de la curiosité.

D. Qu'est-ce que lire avec réflexion ?

R. C'est ne pas se contenter d'un aperçu vague et superficiel, mais graver les choses et quelquefois les expressions dans sa mémoire, se rendre compte à soi-même de sa lecture, et, s'il se peut, en rédiger par écrit une espèce d'abrégé ou d'analyse. Ainsi le point essentiel n'est pas de lire beaucoup, mais de bien lire ; et l'on ne lira bien qu'en observant les conditions qui viennent d'être prescrites.

D. Donnez-nous un choix méthodique de bons livres qui puissent convenir à la jeunesse, et même à un âge plus avancé ?

R. Ce choix d'une petite bibliothèque n'est pas une chose indifférente, dans un siècle surtout où il s'est fait un nombre infini d'ouvrages de toute espèce, parmi lesquels il est assez difficile d'en trouver qui soient absolument irréprochables du côté des principes, ou même qui se soient élevés au dessus de la médiocrité, si ce n'est peut-être dans les sciences exactes. C'est donc rendre service aux jeunes gens et aux parens eux-mêmes que de les guider dans un choix qui ne leur laisse rien ni à désirer pour l'amusement ou l'instruction, ni à craindre pour les principes qui font l'honnête homme et le chrétien.

Après que l'enfant aura passé son *traité de lecture*, et qu'il aura appris le catéchisme du diocèse, il lira :

Nouveau Testament , traduit par Amelotte ; 2 vol.

Encyclopédie des Enfans, ou Abrégé de toutes les sciences, par Loriquet ; 1 vol.

Cours d'histoire, par Loriquet, comprenant :

   1.º Tableau chronologique ; 1 vol.

   2.º Histoire sainte, par demandes et par réponses ; 1 vol.

   3.º Histoire ecclésiastique, par demandes et par réponses ; 1 vol.

   4.º Histoire ancienne ; 1 vol.

   5.º Histoire romaine ; 1 vol.

   6.º Histoire de France ; 2 vol.

Instructions pour la première Communion, par Regnauld ; 1 vol.

Instructions pour la Confirmation, par Regnauld ; 1 vol.

Catéchisme dit *de Constance* ; 4 vol.

Pensez-y bien, ou Réflexions sur les quatre fins de l'homme ; 1 vol.

Instruction de la Jeunesse, par Gobinet ; 3 vol.

Instructions des Jeunes Gens ; 1 vol.

Combat spirituel, par Scupoli ; 1 vol.

Abrégé des mémoires du Jacobinisme, par Barruel ; 2 vol.

Fondemens de la Foi, par Aimé ; 2 vol.

Existence de Dieu, par Fénélon ; 1 vol.

Certitude des preuves du Christianisme, par Bergier ;
    2 vol.

Exposition de la doctrine de l'Église, par Bossuet ; 1 vol.

Histoire des variations des églises protestantes, par
    Bossuet ; 4 vol.

Catéchisme de Montpellier (édition de Charency) ; 5 vol.

Histoire du Clergé pendant la révolution, par Barruel ;
    2 vol.

Vie du Dauphin, père de Louis XVI, par Proyard ; 1 vol.

Vie privée et publique de Louis XVI, par Proyard ; 1 vol.

Lisez aussi les autres ouvrages du même Proyard.

Conjuration de Philippe, duc d'Orléans ; 3 vol.

Conjuration de Robespierre ; 1 vol.

Vie et Crimes de Robespierre, par Proyard ; 1 vol.

Pratique de la perfection chrétienne, par Rodriguez ;
    6 vol.

Catéchisme philosophique, par Feller ; 2 vol.

Les erreurs de Voltaire, par Nonotte ; 3 vol.

Imitation de Jésus-Christ, traduction de Gonnelieu ; 1 vol.

Les ouvrages de Lombez.

Traité de la confiance en Dieu, par Languet ; 1 vol.

La bibliothèque d'un particulier doit se borner à un certain nombre de volumes. Quand donc vous aurez rassemblé ce qui vous convient, ne recherchez rien davantage, car il n'y a point de fin à multiplier les livres. Mais le grammairien, le géomètre, le géographe, le botaniste, le médecin, le physicien, le théologien, etc. , tous doivent trouver dans leur bibliothèque des livres relatifs à la science qu'ils cultivent.

Il est inutile de ramasser les livres étrangers à votre profession. Il est bon, dira-t-on, de savoir de tout : Illusions de l'amour-propre! Il est au contraire de la prudence d'ignorer bien des choses pour cultiver les sciences utiles et nécessaires. On n'accuse pas d'ignorance un médecin qui n'est ni géomètre, ni théologien, mais celui-là seulement qui ignore la science de la médecine que son état l'oblige d'étudier, pour ne pas s'exposer à avancer la mort de ceux qui réclament ses lumières pour la conservation de leur vie. On ne doit accuser d'ignorance que celui qui ignore ce que sa religion et son état l'obligent de savoir.

Bornez-vous donc aux livres qui peuvent vous procurer des connoissances utiles et nécessaires à votre état : dites-vous souvent à vous-même : *Je suis ici pour cela,* Sum hìc pro hoc; j'occupe telle place dans la société ; j'ai des devoirs à remplir qui demandent des lumières ; il faut donc que je mette dans ma bibliothèque de bons livres qui m'instruisent à cet égard.

Si l'on désire ajouter à ce petit catalogue, on peut consulter : *Bibliothèque d'un littérateur et d'un philosophe chrétien*, ou recueil propre à diriger dans le choix des lectures; 1 vol. oblong, imprimé à Besançon chez Jean Petit, Grand'rue, n.° 68.

———

Abréviations qui se rencontrent le plus ordinairement dans les livres et principalement dans les gazettes.

J. C., Jésus-Christ. N. S. J. C., Notre-Seigneur Jésus-Christ. S. M., sa majesté. LL. MM., leurs majestés. V. M., votre majesté. LL. H. P., leurs hautes puissances. L. E. G., les états généraux. L. P. O., la porte Ottomane. M.^{r}, monsieur. Mgr., monseigneur. Mad., madame. Mesd. Mesdames., M.^{rs}, messieurs. Mlle, mademoiselle. N. D., Notre-Dame. L. P. R., le prince royal. La R. P. R., la religion prétendue réformée. S. A., son altesse. V. A., votre altesse. S. A. Elect., son altesse électorale. S. A. Em., son altesse éminentissime. S. A. R., son altesse royale. S. A. S., son altesse sérénissime. V. A. S., votre altesse sérénissime. S. Em., son éminence. V. Em., votre éminence. S. Exc., son excellence. V. Exc., votre excellence. S. G., sa grandeur. V. G., votre grandeur. S. H., sa hautesse. S. M. B., sa majesté britannique. S. M. C., sa majesté catholique. S. M. T. C., sa majesté très-chrétienne. S. M. D., sa majesté danoise. S. M. I., sa majesté impériale. S. M. Nap., sa majesté napolitaine. S. M. Pol., sa majesté polonaise. S. M. Port., sa majesté portugaise. S. M. Pr., sa majesté prussienne. S. M. Suéd., sa majesté suédoise. S. S., sa sainteté. V. S., votre sainteté. Le S. P., le saint Père. Le T. R. P., le très-révérend Père, ou le révérendissime Père. La R. M., la révérende Mère.

FIGURES DES CHIFFRES ARABES ET ROMAINS.

Chiffres arabes.	*Chiffres romains.*
1, 2, 3, 4, 5, 6, 7,	I, II, III, IV, V, VI, VII,
8, 9, 10, 11, 12, 13,	VIII, IX, X, XI, XII, XIII,
14, 15, 16, 17, 18,	XIV, XV, XVI, XVII, XVIII,
19, 20, 21, 22, 23,	XIX, XX, XXI, XXII, XXIII,
24, 25, 26, 27,	XXIV, XXV, XXVI, XXVII,
28, 29, 30, 31, 32,	XXVIII, XXIX, XXX, XXXI, XXXII,
33, 34, 35, 36, 37,	XXXIII, XXXIV, XXXV, XXXVI, XXXVII,
38, 39, 40, 41, 42,	XXXVIII, XXXIX, XL, XLI, XLII,
43, 44, 45, 46,	XLIII, XLIV, XLV, XLVI,
47, 48, 49, 50,	XLVII, XLVIII, XLIX, L,
51, 52, 53, 54, 55,	LI, LII, LIII, LIV, LV,
56, 57, 58, 59, 60,	LVI, LVII, LVIII, LIX, LX,
61, 62, 63, 64,	LXI, LXII, LXIII, LXIV,
65, 66, 67, 68,	LXV, LXVI, LXVII, LXVIII,
69, 70, 71, 72,	LXIX, LXX, LXXI, LXXII,
73, 74, 75, 76, 77,	LXXIII, LXXIV, LXXV, LXXVI, LXXVII,
78, 79, 80, 81, 82,	LXXVIII, LXXIX, LXXX, LXXXI, LXXXII,
83, 84, 85, 86,	LXXXIII, LXXXIV, LXXXV, LXXXVI,
87, 88, 89, 90, 91,	LXXXVII, LXXXVIII, LXXXIX, XC, XCI,
92, 93, 94, 95,	XCII, XCIII, XCIV, XCV,
96, 97, 98, 99,	XCVI, XCVII, XCVIII, XCIX,
100, 200, 300, 400,	C, CC, CCC, CCCC *ou* CD,
500, 600, 700, 800,	D, DC, DCC, DCCC,
900, 1000, 1500,	DCCCC *ou* CM, M *ou* CIƆ, MD,
1809, 1824, 1825,	MDCCCIX, MDCCCXXIV, MDCCCXXV,
1826.	MDCCCXXVI.

PRINCIPES DE LECTURE
POUR LA LANGUE LATINE.

Pour bien lire le latin il suffiroit de prononcer habilement toutes les lettres en leur donnant le son des lettres de l'alphabet français, et en prononçant la lettre *u* comme *ou*.

Mais en France on prononce le latin à peu près comme le français, avec les exceptions suivantes :

En latin,

1.º On fait sonner toutes les consonnes finales :

Amas , amat, amabam , amant, contumax, fons , pontifex, lumen, laus, tamen, noctem, septem, hominem , patrem, crimen, amen, auctor, in , non, dagon , Agon , triton, dæmon , vim , pelvim, navim, aut, delphin, Daphnim, cacumen, Thyrsim , tussim, sitim, etc.

2.º Il n'y a point d'é muet :

Amare , laudate, vide , me , virtute, docere, lacrymare, currere, fideli, ridere, jubeo, meo, adjecerim, crediderim, securim , fuerim , etc.

3.º *Ai, ei, oi, ou*, se prononcent toujours en deux voyelles distinguées dont chacune garde le son qui lui est propre :

Danai, ait, fidei, mei, rei, speciei, perniciei, glaciei, diei, colluviei, faciei, reipublicæ, introibo, introitus, prout.

4.º *Eu* se prononce comme notre voyelle *eu* dans ces monosyllabes, *heu, ceu* et *seu*, et au commencement des mots, comme *euge, Eurus, eucharistia*. Mais au milieu des mots on prononce l'*e* et l'*u* séparément : *Deus, meus, reus*, etc.

5.º *Em, en*, qui ne sont pas finales, se prononcent *in* français :

Emptus, templo, exempla, empirice, emplastro, emptoris, redemptoris, adempti, mens, prudens, dicentis, sapientis, ridendi, potentem, innocentes, legent ; celebrent, possent, abstergent, etc.

6.º *Ch* se prononce toujours comme le *k* :

Chorus, chorda, charitatibus, machinabitur, chartarius, Anchises, chartam, Christus, chrisma, etc.

7.º *Gn* se prononce *gue-ne* en deux consonnes distinguées, *g-n* :

Pugna, magno, magnificat, dedignatur, cognomen, ignis, regnare, ligno, pignus, etc.

(125)

8.º Il n'y a point de lettre appelée *l* mouillée :

Mille, millies, villosus, villico, illa, villam, humillimus, illecebra, illæsus, ancilla, etc.

9.º *Un* suivi d'un *c* se prononce comme notre *un* français :

Hunc, nunc, tunc, cunctus, cunctam, cunctor, cunctanter.

10.º *U* est nul devant *o, u :*

Quos, quoquò, quotuplex, quod, quotidiè, æquor, aliquot, aliquod, equus, equulus, suum (suo-me), equula, loquuntur, distinguo, extinguo, præstinguo, etc.

11.º *Qu, gu,* se prononcent *cu, gu :*

Qui, quid, quem, aliquem, quemque, eques, itaque, relinquent, persequentur, usquè, quisque, inquietus, equidem, requiem, linguis, arguo, languet, languidus, languescent, anguem, angue, sanguis, pinguis, sauguinolentus, coarguo, redarguo.

12.º *Qu, gu,* se prononcent *cou, gou* devant la lettre *a :*

Quâ, quam, linguas, nusquàm, aqua, inquam, etc.

Remarque. Les Latins prononçoient la lettre *u* comme *ou.*

13.º *U* se prononce comme *o* devant *m, n :*

Undè, unquàm, nunquàm, voluntas, undecim, fœcunditas, exundantem, erunt, fuerunt, timebunt, audiunt, possunt, pereunt, umbo, recumbo, incumberet, columbam, arguunt (prononcez argu-onte), triumphat.

14.º *U* se prononce encore comme *o* devant *m* quoique la lettre finale *m* se prononce comme consonne :

Morbum, suum, eundum, invidiarum, fundatorum, Deum, aureum.

15.º *Mn* se prononcent *me-ne,* et l'*u* qui les précède se prononce *o :*

Columna, columnarum, columnarii, columnella, alumnus, etc.

16.º *T,* qui n'est pas précédé de *s, x,* se prononce *se* devant *ia, ie, iœ, ii, io, iu :*

Avaritia, blanditias, luctantia, sententias, scientia, pœnitentia, negotiantibus, patiendi, impatientias, patientem, pueritiœ, gratiœ, justitiœ, prudentiœ, vitii, pretii, silentii, experientiis, opulentiis, hospitii, oratio, generatio, exemptio, nationem, gentium, vitium, confluentium, præsentium, imperantium, diutiùs, etc.

17.º *Cæ, cœ, gæ*, se prononcent *sé, jé :*

Cœnobii, cætera, arcæ, muscæ, formicæ, loricæ, thecæ, sicæ, cœlum, parcæ, reipublicæ, plagæ, virgæ, longæ, etc.

18.º Enfin les autres principes de la langue latine sont communs avec les principes de la lecture du français, et ils sont bientôt appris par la pratique. Mais il est peut-être plus important qu'on ne pense, pour la prosodie de la langue latine, qu'il n'y ait que les personnes instruites qui enseignent même à la lire.

Par rapport aux accens qu'on met sur les mots latins, il suffit que les maîtres fassent observer à leurs élèves que l'accent aigu placé sur l'antépénultième ou sur l'avant-dernière syllabe des mots latins, comme on le voit sur ces mots : *Dóminus, múnere, dixérunt, restábat*, est destiné à marquer qu'il faut appuyer davantage sur ces syllabes que sur les autres ; et que dans les mots de deux syllabes l'accent est toujours mis, ou du moins supposé sur la première ; mais il faut bien se donner de garde de leur faire prononcer ces syllabes trop longues : ce seroit une égale faute de ne s'y pas arrêter assez, ou de s'y arrêter trop long-temps.

EXERCICES POUR LA LECTURE DU LATIN.

Hoc unum scio, quòd nihil scio.

Je ne sais qu'une chose, c'est que je ne sais rien.

Ignorantia plures habet superbos quàm humiles.

L'ignorance produit plus d'orgueilleux que d'humbles.

Perlege quodcumque est memorabile.

Lisez ce qui mérite d'être conservé dans la mémoire.

Libros non refert quàm multos habeas, sed quàm bonos.

Ce n'est pas du nombre, mais de la qualité des livres que vous devez vous occuper.

Quisquis est ut ii sunt cum quibus libens agit.

On devient semblable à ceux dont on aime la compagnie.

Corrumpunt bonos mores colloquia prava.

Les mauvaises conversations corrompent les bonnes mœurs.

Probatos itaque semper lege, et si quando ad alios divertere libuerit, ad priores redi.

Lisez les livres qui ont l'estime et l'approbation des connoisseurs; si, pour vous distraire, vous en prenez d'autres, revenez toujours aux premiers.

Lectio prima placet, nec non repetita placebit.

Si la première lecture vous a fait plaisir, une seconde ne vous en fera pas moins.

Putasne, intelligis quæ legis?

Comprenez-vous ce que vous lisez?

Aurora,

Aurora, musis amica, est apta studiis. Pransus, aut lude, aut deambula, aut hilariùs confabulare.

Le matin, ami des muses, est propre aux études; mais après le dîner, jouez, promenez-vous, ou livrez-vous à quelques conversations agréables.

Equidem omnes, qui aliquid in studiis faciunt, venerari etiam, mirarique soleo. Est enim res difficilis, ardua, fastidiosa, et quæ eos à quibus contemnitur dedignatur.

J'ai coutume de respecter et d'admirer ceux qui font quelques ouvrages de science; car ce travail a ses peines et ses difficultés qui surpassent la portée de ceux qui les méprisent.

Symbole attribué à saint Athanase.

Quicumque vult salvus esse, ante ómnia opus est ut téneat cathólicam fidem.

Quiconque veut être sauvé doit, avant toute chose, embrasser et tenir la foi catholique.

Quam nisi quisque íntegram inviolatamque serváverit, absque dúbio in æternum períbit.

Et quiconque ne la conservera pas entière et inviolable, périra infailliblement pour l'éternité.

Fides autem cathólica hæc est : ut unum Deum in Trinitáte, et Trinitátem in unitáte venerémur; neque confundentes persónas, neque substántiam separantes.

Or la foi catholique consiste à adorer un seul Dieu en trois personnes, et trois personnes en un seul Dieu; sans confondre les personnes ni séparer la substance.

Alia est enim persóna Patris, ália Fílii, alia Spìritûs sancti.

Sed Patris, et Filii, et Spìritûs sancti una est divínitas, æqualis glória, coæterna majestas.

Qualis Pater, talis Fílius, talis Spíritus sanctus.

Increátus Pater, increátus Fílius, increátus Spíritus sanctus.

Immersus Pater, immensus Fílius, immensus Spíritus sanctus.

Æternus Pater, æternus Fílius, æternus Spíritus sanctus.

Et tamen non tres æterni, sed unus æternus.

Sicut non tres increáti, nec tres immensi; sed unus increátus, et unus immensus.

Simíliter omnípotens Pater, omnípotens Fílius, omnípotens Spíri-

Car autre est la personne du Père, autre est celle du Fils, autre est celle du Saint-Esprit.

Mais la divinité du Père, et du Fils et du Saint-Esprit, est une; leur gloire, égale; leur majesté, coéternelle.

Tel qu'est le Père, tel est le Fils, tel est le Saint-Esprit.

Le Père est incréé, le Fils est incréé, le Saint-Esprit est incréé.

Le Père est immense, le Fils est immense, le Saint-Esprit est immense.

Le Père est éternel, le Fils est éternel, le Saint-Esprit est éternel.

Et néanmoins ce ne sont pas trois éternels, mais un seul éternel.

Comme aussi ce ne sont pas trois incréés, ni trois immenses; mais un seul incréé, et un seul immense.

De même le Père est tout-puissant, le Fils est tout-puissant, le Saint-Esprit est tout-

tus sanctus ; et tamen non tres omnipotentes, sed unus omnípotens.

Ità Deus Pater, Deus Filius, Deus Spíritus sanctus ; et tamen non tres Dii, sed unus est Deus.

Ità Dóminus Pater, Dóminus Filius ; Dóminus Spíritus sanctus ; et tamen non tres Dómini, sed unus est Dóminus.

Quia sicut singillátim unamquamque persónam, Deum ac Dóminum confitéri christiánâ veritáte compéllimur ; ità tres Deos aut Dóminos dícere cathólicâ religióne prohibémur.

Pater à nullo est factus, nec creátus, nec génitus.

Fílius à Patre sólo est, non factus, nec creátus, sed génitus.

Spíritus sanctus à Patre et Fílio, non factus,

---

puissant ; cependant ce ne sont pas trois tout-puissans, mais un seul tout-puissant.

Ainsi le Père est Dieu, le Fils est Dieu, le Saint-Esprit est Dieu ; et néanmoins ce ne sont pas trois Dieux, mais un seul Dieu.

Ainsi le père est Seigneur, le Fils est Seigneur, le Saint-Esprit est Seigneur ; et néanmoins ce ne sont pas trois Seigneurs, mais un seul Seigneur.

Car comme la vérité chrétienne nous oblige de reconnoître et de confesser que chacune des trois personnes est Dieu et Seigneur ; aussi la religion catholique nous défend de dire trois Dieux ou trois Seigneurs.

Le Père n'a été ni fait, ni créé, ni engendré d'aucun autre.

Le Fils n'a été ni fait, ni créé, mais engendré du Père seul.

Le Saint-Esprit n'a été ni fait, ni créé, ni engen-

nec creátus, nec génitus, sed procédens.

Unus ergò Pater, non tres Patres : unus Fílius, non tres Fílii : unus Spíritus Sanctus, non tres Spíritus Sancti.

Et in hâc Trinitáte nihil prius aut postérius, nihil majus aut minus ; sed totæ tres Personæ coæternæ sibi sunt et coæquáles.

Ità ut, per ómnia, sicut jam suprà dictum est, et Unitas in Trinitáte, et Trínitas in Unitáte veneranda sit.

Qui vult ergò salvus esse, ita de Trinitáte séntiat.

Sed necessárium est, ad æternam salútem, ut incarnatiónem quoque Dómini nostri Jesu Christi fidéliter credat.

Est ergò fides recta ut credámus et confiteá-

dré ; mais il procède du Père et du Fils.

Il n'y a donc qu'un seul Père, et non trois Pères ; un Fils, et non trois Fils ; un Saint-Esprit, et non trois Saints-Esprits.

Et dans cette Trinité il n'y a ni plus ancien, ni moins ancien, ni plus grand, ni moins grand ; mais les trois personnes sont coéternelles et égales entr'elles.

De sorte qu'en tout, comme il a été dit, on doit adorer l'unité dans la Trinité, et la Trinité dans l'unité.

Quiconque donc veut être sauvé doit avoir ces sentimens et cette croyance de la Trinité.

Mais il est nécessaire, pour le salut éternel, qu'il ait encore une croyance exacte de l'incarnation de Notre - Seigneur Jésus-Christ.

Or la pureté de la foi consiste à croire et à con-

mur quia Dóminus noster Jesus Christus, Dei Fílius, Deus et homo est.

Deus est, ex substantiâ Patris ante sécula génitus ; et homo est, ex substántiâ matris in século natus.

Perfectus Deus, perfectus homo ; ex ánimâ rationáli , et humánâ carne subsistens.

Æquális Patri secúndùm divinitátem, minor Patre secúndùm humanitátem.

Qui licèt Deus sit et homo, non duo tamen, sed unus est Christus.

Unus autem, non conversióne divinitátis in carnem, sed assumptióne humanitátis in Deum.

Unus omnínò, non confusióne substántiæ, sed unitáte persónæ.

Nam , sicut ánima rationális et caro, unus est

fesser que Notre-Seigneur Jésus-Christ, Fils de Dieu, est Dieu et homme.

Il est Dieu, étant engendré de la substance du Père, avant tous les temps ; et il est homme, étant né, dans le temps, de la substance de sa mère.

Dieu parfait, et homme parfait ; ayant une ame raisonnable, et une chair humaine.

Egal au Père selon la divinité, et moindre que le Père selon l'humanité.

Et quoiqu'il soit Dieu et homme, il n'est pas néanmoins deux personnes, mais un seul Jésus-Christ.

Il est un, non que la divinité ait été changée en l'humanité ; mais parce que Dieu a pris l'humanité et l'a unie à sa divinité.

Un enfin non par confusion de nature, mais par unité de personne.

Car, comme l'ame raisonnable et la chair font

homo; ità Deus et homo, unus est Christus, qui passus est pro salúte nostrâ; descendit ad ínferos, tértiâ die resurrexit à mórtuis; ascendit ad cœlos: sedet ad déxteram Dei Patris omnipoténtis: indè ventúrus est judicáre vivos et mórtuos: ad cujus adventum omnes hómines resúrgere habent cum corpóribus suis, et redditúri sunt de factis propríis ratiónem.

Et qui bona egérunt, ibunt in vitam æternam; qui verò mala, in ignem ætérnum.

Hæc est fides cathólica; quam nisi quisque fidéliter firmiterque credíderit salvus esse non póterit.

un seul homme; de même Dieu et l'homme sont un seul Jésus-Christ, qui a souffert la mort pour notre salut; est descendu aux enfers, et le troisième jour est ressuscité d'entre les morts; est monté aux cieux; est assis à la droite de Dieu le Père tout-puissant, d'où il viendra juger les vivans et les morts : à l'avènement duquel, tous les hommes ressusciteront avec leur corps, et rendront compte de leurs actions.

Et ceux qui auront bien vécu recevront la vie éternelle; mais ceux qui auront mal vécu seront précipités dans les flammes éternelles.

Voilà quelle est la foi catholique : et quiconque ne le gardera pas fidèlement et constamment ne pourra être sauvé.

Profession de foi dressée sur les décisions du concile de Trente, par le pape Pie IV.

Apostolicas et ecclesiasticas traditiones, reliquasque ejusdem ecclesiæ observationes et constitutiones firmissimè admitto et amplector.

Item sacram scripturam juxta eum sensum quem tenet et tenuit sancta mater ecclesia, cujus est judicare de vero sensu et interpretatione sacrarum scripturarum, admitto; nec eam unquàm nisi juxta unanimem consensum patrum accipiam et interpretabor.

Profiteor quoque septem esse verè et propriè sacramenta novæ legis, à Jesu Christo Domino nostro instituta, atque ad salutem humani generis, licèt non omnia singulis necessaria. Scilicet baptismum, confirmationem, eucharistiam,

J'admets et j'embrasse fermement les traditions apostoliques et ecclésiastiques, et toutes les autres observations et constitutions de la même église.

De plus, j'admets la sainte écriture, selon le sens que tient et a tenu la sainte mère église, à qui il appartient de juger du véritable sens et de la véritable interprétation des saintes écritures; et je ne l'entendrai ni ne l'interpréterai jamais autrement que suivant le consentement unanime des saints Pères.

Je confesse aussi qu'il y a proprement et véritablement sept sacremens de la nouvelle loi, institués par Jésus – Christ Notre – Seigneur pour le salut du genre humain, quoique tous ne soient pas nécessaires à chacun. C'est à savoir le baptême, la con-

pœnitentiam, extremam-unctionem, ordinem, et matrimonium ; illaque gratiam conferre, et ex his baptismum, confirmationem et ordinem sine sacrilégio reiterári non posse; receptos quoque et approbatos ecclesiæ catholicæ ritus, in suprà dictorum omnium sacramentorum solemni administratione, recipio et admitto.

Omnia et singula quæ de peccato originali et de justificatione in sacrosanctâ Tridentinâ synodo definita et declarata fuerunt, amplector et recipio.

Profiteor pariter in missâ offerri Deo verum, proprium, et propitiatorium sacrificium pro vivis et defunctis, atque in sanctissimo eucharistiæ sacramento esse verè, realiter et substantialiter corpus et sanguinem, unà cum animâ et divi-

firmation, l'eucharistie, la pénitence, l'extrême-onction, l'ordre et le mariage qui confèrent tous la grâce, et entre lesquels le baptême, la confirmation et l'ordre ne peuvent être réitérés sans sacrilége. Je reçois et j'admets aussi les usages de l'église catholique, reçus et approuvés dans l'administration solennelle des susdits sacremens.

Je reçois et j'embrasse toutes et chacune des choses qui ont été définies et déclarées dans le saint Concile de Trente, sur le péché originel et la justification.

Je confesse pareillement que le véritable sacrifice propre et propitiatoire est offert dans la messe pour les vivans et pour les morts, et que dans le très-saint sacrement de l'eucharistie sont véritablement, réellement, substantiellement le corps et le sang ensemble

nitate domini nostri Jesu Christi, fierique conversionem totius substantiæ panis in corpus, et totius substantiæ vini in sanguinem, quam conversionem catholica ecclesia transsubstantiationem appellat. Fateor etiam sub alterâ tantùm specie totum atque integrum Christum, verumque sacramentum sumi.

Constanter teneo purgatorium esse, animasque ibi detentas fidelium suffragiis juvari.

Similiter et Sanctos unà cum Christo regnantes, venerandos et invocandos esse, eosque orationes Deo pro nobis offerre, atque eorum reliquias esse venerandas.

Firmissimè assero imagines Christi ac Dei, puræ semper virginis, nec non aliorum Sanc-

avec l'ame et la divinité de Notre-Seigneur Jésus-Christ, et qu'il se fait une conversion de toute la substance du pain en son corps, et de toute la substance du vin en son sang, lequel changement l'église catholique appelle transsubstantiation. Je confesse aussi que Jésus-Christ tout entier est le véritable sacrement, est reçu sous l'une et sous l'autre de ces deux espèces.

Je tiens aussi qu'il y a un purgatoire, et que les ames qui y sont détenües sont aidées par les suffrages des fidèles.

Que les Saints aussi qui règnent avec Jésus-Christ sont en un état à être honorés et invoqués ; et qu'ils offrent leurs prières à Dieu pour nous, et que leurs reliques doivent être honorées.

Je tiens très-fermement que les images de Jésus-Christ et de la Mère de Dieu toujours vierge, aussi

torum, habendas et retinendas esse, atque eis debitum honorem ac venerationem impertiendam.

Indulgentiarum etiam potestatem à Christo in ecclesiâ relictam fuisse, illarumque usum christiano populo salutarem esse affirmo.

Sanctam catholicam et apostolicam romanam ecclesiam omnium ecclesiarum matrem, magistram agnosco; romanoque pontifici beati Petri apostolorum principis successori, ac Jesu Christi vicario, veram obedientiam spondeo, ac juro.

Cætera item omnia à sacris canonibus et œcumenicis conciliis, et præcipuè à sacro-sanctâ tridentinâ synodo tradita, definita et declarata indubitanter recipio ac profiteor.

bien que des autres Saints, doivent être gardées et retenues, et qu'il leur faut rendre l'honneur et la vénération convenables.

J'assure aussi que la puissance des indulgences a été laissée par Jésus-Christ dans l'église, et que leur usage est très-salutaire au peuple chrétien.

Je reconnois la sainte Eglise romaine, catholique et apostolique, pour la mère et la maîtresse de toutes les églises, et je jure et promets une véritable obéissance au pontife romain, vicaire de Jésus-Christ, successeur de Saint Pierre; prince des Apôtres.

Je confesse et reçois aussi, sans aucun doute, toutes les autres choses laissées par tradition, définies et déclarées par les saints canons et par les conciles œcuméniques (*c'est-à-dire généraux*), et particulièrement par le saint et sacré concile de Trente.

Simulque contraria omnia, atque hæreses quascumque ab ecclesiâ damnatas, rejectas et anathematisatas, ego pariter damno, rejicio, et anathematiso.

Hanc veram catholicam fidem, extra quam nemo salvus esse potest; quam in præsenti spontè profiteor, et veraciter teneo, et eam integram et inviolatam usquè ad extremum vitæ spiritum constantissimè, Deo adjuvante, retineri et confiteri, atque à meis subditis, vel illis quorum cura ad me in munere meo spectabit, teneri, doceri, et prædicari, quantùm in me erit curaturum ego idem N. spondeo, voveo, ac juro.

Et de même aussi je condamne, je rejette et j'anathématise toutes les choses contraires, et toutes les hérésies quelles qu'elles soient, qui ont été condamnées, rejetées et anathématisées dans l'Eglise.

C'est cette foi véritable et catholique, hors de laquelle personne ne peut être sauvé, que je professe présentement de mon plein gré, et que je tiens véritablement. Je jure, je promets et je m'engage de la tenir et de la professer, avec le secours de Dieu, constamment et inviolablement, en son entier, jusqu'au dernier soupir de ma vie; et que j'aurai soin, autant qu'il sera en moi, qu'elle soit prêchée, enseignée et gardée par ceux qui dépendent de moi, ou par ceux qui, en vertu de mon emploi, seront commis à mes soins.

Ceux qui font cette profession de foi disent en touchant le saint livre des Evangiles :

Sic me Deus, adjuvet, et hæc sancta Dei evangelia.	Ainsi que Dieu m'assiste, et ces saints évangiles de Dieu.

A PRIME.

Hymne.

Jam lucis orto sidere, Deum precemur supplices ; Nostras ut ipse dirigat, Lux increata, semitas.	La lumière brillante de l'astre du jour nous invite à offrir à Dieu de ferventes prières : supplions la lumière éternelle de conduire elle-même nos pas, et de nous faire marcher dans ses sentiers.
Nil lingua, nil peccet manus : Nil mens inane cogitet ; In ore simplex veritas, In corde regnet charitas.	Que nos lèvres soient pures et nos mains innocentes : que notre esprit ne s'occupe que d'utiles pensées : que la vérité, ennemie de tout déguisement, soit toujours dans notre bouche, et que la charité règne dans nos cœurs.
Incœpta dùm fluet dies, O Christe, custos pervigil, Quas sævus hostis obsidet , Portas tuere sensuum.	Protégez-nous, Seigneur, pendant le cours de cette journée, et veillez sans cesse à la garde de nos sens dont l'ennemi cruel assiége l'entrée de toutes parts.

Præsta diurnus ut tuæ
Subserviat laudi labor :
Auctore quæ te cœpimus,
Da, te favente, prosequi.

Faites que notre travail, pendant ce jour, soit consacré à votre gloire ; et que nous terminions heureusement, par votre grâce, ce que nous avons saintement commencé par son secours.

Superba ne nimis caro
Menti licenter imperet,
Carnis domet superbiam
Potûs cibique parcitas.

Que l'usage sobre des alimens rende notre chair tranquille et soumise ; de peur que, devenant orgueilleuse et rebelle, elle n'exerce sur l'esprit un empire tyrannique.

Deo Patri sit gloria,
Ejusque soli Filio,
Sancto simul cum Spiritu,
Nunc, et per omne seculum. Amen.

Gloire à Dieu le Père, à son Fils unique, et au Saint-Esprit, maintenant et dans tous les siècles. Ainsi soit-il.

A TIERCE.

Hymne.

O fons amoris Spiritus,
O sancte donorum parens,
Tuas refusus intimis
Accende flammas cordibus.

Esprit-Saint, source féconde de l'amour divin, et l'origine des dons célestes, venez, par une effusion intime de vous-même, allumer votre feu sacré dans nos cœurs.

Qui charitatis vinculo Cum Patre nectis Filium, Et nos amoris mutui Arctis coapta nexibus.	Vous qui êtes l'amour éternel du Père et du Fils, et qui les unissez par cet amour ; unissez – nous les uns aux autres par le lien étroit d'une charité mutuelle.
Deo Patri sit gloria, etc.	Gloire à Dieu le Père, etc.

A SEXTE.

Hymne.

Nunc solis excelsum jubar Toto coruscat lumine : Tu, Christe, tu mundum novâ, Sol verus, accendis face.	Le soleil, maintenant dans tout son éclat, remplit la terre de la plus vive lumière : ô Jésus, vous êtes le soleil de justice, et le véritable flambeau du monde.
Fac plena nostris fulgeat Lux veritatis mentibus : Fac nostra plenum charitas Crescendo surgat ad diem.	Faites que la lumière de la vérité brille pleinement à nos yeux : faites que le feu de votre amour, croissant en nous de plus en plus, s'élève jusqu'à la perfection de la charité.
Deo Patri sit gloria, etc.	Gloire à Dieu le Père, etc.

A NONE.

Hymne.

Prono volutus impetu Inclinat in noctem dies ;	Le jour qui s'écoule avec rapidité annonce la nuit

Sic vita supremam cito
Festinat ad metam gra-
du.

prochaine, par l'affoiblis-
sement de sa lumière; c'est
ainsi que notre vie s'avance
d'un pas précipité vers sa
fin.

O Christe, dùm fixus
cruci
Expandis orbi brachia,
Amare da crucem, tuo
Da nos in amplexu mori.

Divin Sauveur qui, les
mains étendues sur la croix,
appelez à vous le monde entier, faites que nous aimions
sincèrement la croix, et
qu'unis à vous jusqu'au dernier soupir nous expirions
entre vos bras.

Deo Patri sit gloria, etc.

Gloire à Dieu le Père, etc.

FIN.